ふじたつとむの

子育て・保育 虎 の 巻

Q&A編

は じ め に

　本書は、一般社団法人長野県私立幼稚園・認定こども園協会が編集する子育て応援雑誌『おさなご』に2013年5月号から2019年3月号まで連載された「子育て・保育ワンポイント講座」をまとめたものです。これを「ふじたつとむの子育て・保育虎の巻」の第3弾として出版させていただきました。

　この連載を執筆するにあたり、私がこころがけていたのは以下の2点です。
○日常の子育てや保育に忙しい保護者の方、保育者の方の負担にならないような文章にすること。
○子育てや保育に疲れているときに、一息つける時間を提供できるような文章にすること。

　これらの点が必ずしも実現できたとは思いませんが、少しでも私の思いが皆さんに伝わればうれしく思います。
　このような本を出しておきながら言うのも変ですが、子育てや保育に"専門的な知識"は必ずしも必要ないと思っています。あればいいこともあるかもしれませんが、なければないで「なんとかなる」ものだと思います。
　これまで世界中で数多くの子どもたちが生まれ、様々な環境のもとで様々な養育者によって育てられてきました。でもほとんどの場合、なんとかなってきました。子育てや保育に正解はありません。なにが良くてなにが悪いかなんて誰にもわからないのです。
　ですから、必要以上に不安になったり苦しんだりすることなく、現在の子育て・保育をできるだけ楽しんでいただければと思います。

大丈夫ですよ（＾＾♪

　最後に、『おさなご』の製作を担当された長野県民新聞の星野哲也氏、本書の書籍化にご尽力いただきましたほおずき書籍の木戸ひろし氏ほか編集スタッフの皆様に深く感謝いたします。

令和2年6月

ふじた　つとむ

目　次

はじめに

（　）内は『おさなご』所収の号数

著者紹介

Q1 子どもの**物の見方、物の考え方**が知りたいのですが。

A1 　子どもは大人とは違った物の見方、物の考え方をします。そうした子ども特有な思考は日常の行動の中にも見られます。たとえば、子どもとかくれんぼをしていて、子どもがミョーな隠れ方をすることがあります。オニのほうに背を向け、頭だけ隠しているような場合です。気づかないふりをして、「あれー？　○×ちゃんどこに隠れたんだろー？　どこだろー？　わかんないなー」と子どものそばに行ってみると、こちら（＝オニ）には気づかずに目をかたく閉じたままうれしそうに笑っています。どうも本人はうまく隠れているつもりのようです。この隠れ方は幼児に特徴的な思考からくる行動です。子どもは「自分からはオニは見えない。だからオニからも自分は見えない」と"自分中心"に考えているのです。子どものうちはまだ「他者の立場に立って物事を考える」ことが不得手なのです。

　でも、これって幼児に限ったことではないですよね？　あなたの周りにもこうした自己中心的な思考をする大人いません？

もうすぐ最初のお誕生日を迎えるのに、まだ意味のあることばを話しません。
ウチの子、ことばの発達遅いのかな？

 お子さんのことばの発達について心配する方は多いようです。「2歳になってもまだ"ママ"しか言えない」「3歳になったのにきちんと発音できない」などといったご心配を耳にすることもあります。

　ことばの発達には2つの側面があります。「表出面の発達」と「理解面の発達」です。表出面の発達というのは発話、つまり話す能力の発達です。そして理解面の発達というのは人の話を聞いてちゃんとわかる能力の発達のことです。ところが、多くのお母さんやお父さんのご心配は、ことばの発達のうち表出面の発達に偏りがちのような気がします。ことばはコミュニケーションの道具です。双方向のやりとりがあって初めて成り立つものです。ことばの発達という点では、理解面の発達が順調であれば、多少、表出面の発達が遅くても問題ないケースが多いようです。お子さんが、周りの人が話していることをちゃんと理解できているかどうかをチェックすることも忘れないでください。

Q3 3歳になる男の子の母親です。
最近ウチの子、親に逆らってばかりいます。これって反抗期でしょうか？

A3 一般に、幼児期の前期にみられる反抗期は「第一反抗期」と呼ばれています。それまでは比較的 "いい子" だったのに、ちょっとしたことで泣き出したり、怒ったり、すねたり、ふてくされたり、暴れたり、こちらが言うことをなんでも拒否したりするなど、親を困らせるようなことばかり言ったりやったりするようになるのが典型的な "症状" です。第一反抗期のことをよく知っている人でも、反抗期の症状が強く出た場合は、「この先この子とうまくやっていけるのかしら？」「この子と一生つき合っていく自信がない (^_-)」と不安になることもあるようです。

第一反抗期は、いわゆる "躾" が始まる時期と重なります。それまでなにをやっても「いいぞ。いいぞ」とほめてくれたパパ、どんなことを言っても「かわいいっ！(^^)！」と喜んでくれたママが、「そんなことしちゃダメッ！」「あれやっちゃダメッ！」と言うようになるのがいわゆる "躾" です。子どもからすると、「パパやママ、最近なんか口うるさくなった」と感じ、親が自分の行動を邪魔したり制限したりする存在となり、それに対して "反抗的" になるのです。

第一反抗期は "自我のめざめの時期の反抗期" とも呼ばれます。子どもに自己意識がめばえ、自分がやりたいことや言いたいことがはっきりしてきた時期にみられます。つまり、第一反抗期は自分というものが確立する上で大切なひとつの過程なのです。第一反抗期はずっと続くわけではないので（多分）、「この子も順調に成長している」ととらえ、多少 "生意気" なことを言っても大目に見てください。

ウチの娘が4歳の時、やはり反抗期でした。あまりにも聞きわけがなかった娘を少しだけきつく叱ったら、娘は泣き出し、しゃくりあげながらこう言いました。

「パパなんか、パパなんか、バーバのおっぱい飲んでたクセに！！」

すごい反撃です。私はなにも答えることができず、下を向くだけでした。……娘の完勝です。

2歳2か月になる男の子の母親です。
同じくらいの年齢のお子さんはもう二語文を話していますが、私の息子はまだ「ママ」「ちっち（オシッコのこと）」など数語しか話せません。普通、**二語文はいつ頃**から出るのでしょうか？

初語（生まれてはじめて発する意味のあることば）が出てから、しばらくは１つのことばを単発的に発するだけの時期が続きますが、だんだんと子どもは２つのことばを連結して用いるようになります。「ママ、早くぅ」「もっと、ちょうだい」「ブーブ、ないない（おもちゃの自動車をしまって）」「おかし、食べる」「ワンワン、いた」などです。これが「二語文」あるいは「二語発話」と呼ばれるものです。

　その二語文が出る時期についてですが、「子どもの成長・発達は個人差が大きいので何とも言えない」というのが回答です。少し無責任のようですが、早い子もいれば、遅い子もいるのです。発達心理学を間違って勉強した人は「○歳になったら××ができるようになっているはず」とか「□歳△か月になったら　☆☆語くらい話せるようになっていなければおかしい」などと考えてしまいがちですが、子どもはひとりひとり発達のペースが違います。それがその子の個性といってもいいかもしれません。子どもの成長・発達には“普通”も“平均”もないのです。「（二語文が）まだ出ない」と心配するより、「待ち遠しいなぁ」と二語文が出るのを楽しみに待つのがいいと思います。そのうち「もう、うるさい！」というくらい、いろいろなことを話すようになると思いますよ。

　ことばの発達に限らず、きょうだいや近所のお子さんと比較して、「ウチの子、遅れているのでは？」と不安になる方は大勢いらっしゃいます。特に、同年齢の子どもたちが集まるような場所では、自分の子どもを他の子どもと比較して心配になったりすることもありますが、どうしてもご心配なら、一人で悩んでいないで専門家（発達相談員や小児科の医師など）に相談してみてください。

　私もウチの娘が二語文を話せるようになったときのことをよく覚えています。娘がよく言っていたのが、「パパ、きらい」「パパ、くしゃい（臭い）」「パパ、バイバイ（あっち行って）」などです。

　……いま考えると、なんか複雑。

下の子（現在生後７か月の女児）ができてから、上の子（３歳５か月の男児）の "赤ちゃん返り" が始まりました。どのように接すればいいでしょうか？

 妹や弟ができてから、いわゆる "赤ちゃん返り" が始まるお子さんは多いようです。それまで上手にコップから水が飲めたのに、妹ができてから「ボクも哺乳ビンで飲む」と言いだしたり、もうおむつがとれていたのに、弟ができてからおもらしをするようになったりするなどです。なぜこうした行動が起こるのでしょう。

　上の子（＝第一子）はその家の最初の子どもであり、いわば一家の "王女様" や "王子様" です。両親をはじめ周りの大人たちからの注目度は高く、ちやほやされて育ちます。

　しかし、下の子ができると上の子はそれまでの "主役の座" から転落します。その日は突然訪れます。

　妹（弟）を産むため何日か病院にいたママが退院してウチに帰ってきます。久しぶりに抱っこしてもらおうとママにかけ寄ると、ママの腕には赤ちゃんがいて、抱っこしてもらうことができません。上の子にはショックです。その後も、両親の注目はこの "新参者" に向かうことが多くなります。パパと遊んでいても、赤ちゃんが泣きだすとパパはそっちを見ます。ママとおやつを食べていても、赤ちゃんがぐずるとママはそっちに行ってしまいます。上の子は考えます。

　「前と同じようにママやパパがワタシ（ボク）のほうを見てくれるには、どうすればいいんだろう？」「そーだ！　自分も赤ちゃんと同じようにすればいいんだ (^^)v」

　そして、赤ちゃんと同じように哺乳ビンを使ったり、おむつをしたりするようになるのです。

　こういうとき大人は「もうお姉ちゃん（お兄ちゃん）なんだからしっかりしなさい」「赤ちゃんみたいでオカシー」「赤ちゃんに笑われちゃうよ」などと言いがちですが、そうした対応は上の子にとって愉快なものではありません。よく言われるのが「下の子ができたら、それまで以上に上の子にかまうようにすれば良い」ということです。下の赤ちゃんは、特に意識しなくてもどうしてもあれこれかまってしまうものです。意識的に「もっと上の子と関わろう」と思っているくらいが、ちょうどいいのかもしれません。

子どものちょっとした行動に**腹を立てたり、イライラしたり**することがよくあります。
どうすれば良いでしょう。

 突然ですが、ここで問題です。子どもが食べこぼしをしたとき、あなた（母親）はどのように
思いますか。次の（1）〜（4）の中から選んでください。

（1）「ああ、またこぼして (-_-)　何度言ったらわかるの！　誰が洗濯すると思ってんのよ！」
（2）「いつまでたっても上手に食べられないわね。この年齢の子はもっと上手に食べるんじゃないかな？」
（3）「いまはこぼすけど、いずれこぼさなくなるでしょ。そのときがくるのが楽しみだわ」
（4）「自分も小さい頃、こんなふうに食べこぼしてたんだろーな。でも、母さんから叱られたことはなかっ
　　　たな」

　この問題には正解はありません。どのような考え方を選ぶかは皆さんの自由です。でも、考え方によっ
て、その後の気分が違うのがわかると思います。
　（1）のように考えると、怒りを感じ、イライラします。（2）のように考えると、ちょっと心配になるか
もしれません。ところが、同じ場面でも（3）や（4）のように思ったなら、特に怒りやイライラを感じたり、
不安になったりすることは少ないのではないでしょうか。
　私たちは日常の様々な場面で様々なことを考えます。多くの場合、特に意識しているわけではなく、とっ
さに頭に浮かんでくる思考です。しかし、そのとっさに浮かんでくる思考が自分自身を不快・不安にさせた
り、イライラさせたりすることが多いのです。
　人それぞれ考え方の"クセ"があります。いろいろな場面で、攻撃的、悲観的、非現実的な思考をしやす
い人は、いやーな気持ちになることが多くなります。その反対に、上の（3）や（4）のように、物事をや
んわり受け止めれば、心穏やかに生活することができます。
　同じ状況でも、それをどのように受け止めるかは自分次第です。自分自身が不快・不安になるような考え
方をする"クセ"がある人は、意識的に「もしかしたら別な考え方もあるのでは？」と考え、できるだけ自
分にストレスをかけないような"楽な考え方"を選ぶようにこころがけてください。

Q7 年少クラスの担任をしている幼稚園教諭です。私のクラスの園児（3歳7か月女児）は登園するとすぐに園庭の片隅に行き、しゃがんで一人遊び（砂いじり、小石集めなど）を始めます。他の園児と関わろうとせず、一斉活動が始まるまではいつも一人ぼっちです。もっと**他の園児と関わり**をもってもらいたいので、いろいろ試みるのですが、どうもうまくいきません。どうすれば良いでしょうか。

A7 まず、次のことをチェックしてみてください。
★その園児がしゃがんで一人遊びを始めたときに、あなたはどのようにその園児と関わっていますか？

　この例のように、園児の「気になる行動」や「困った行動」にお悩みの先生は多いと思います。しかし、「気になる行動」や「困った行動」を維持させている原因が、先生自身の対応であることもあります。お問い合わせのようなケースで、その園児がしゃがみこんで一人遊びを始めたときに、あなたが園児のそばに行って、やさしく「どうしたの？」「また一人で遊んでるの？」「みんなと遊んだほうが楽しいよ」などと声をかけているとすれば、おそらく園児の一人遊びはなくならないでしょう。園児からすれば、「一人ぼっちで遊んでいれば、先生は自分を見てくれる、自分に話しかけてくれる」のです。その園児にとって、しゃがんで一人ぼっちで遊ぶことが、先生に注目してもらい、かまってもらうための手段になっているわけですから、こうした対応は一人ぼっちで遊ぶ行動を強めてしまいます。

　あなたがその園児に対して「一人遊びをする時間を減らして、もっと他の園児と関わるようになってもらいたい」と望むのなら、その子が一人で遊んでいるときにかまうのはやめて、少しでも他の園児と関わりをもったときに注目したり、話しかけたりしてみてください。といっても、この園児の場合、最初から他の園児と関わることはあまりないと思います。初めのうちは、しゃがみこんでいたその子が立ち上がった直後や、少しでも他の園児に近づいたときに関わるようにしてください。

　大切なことは、望ましい行動（増やしたい行動）の直後に声をかけたり、笑いかけたりするなどして意識的に関わるようにし、望ましくない行動（減らしたい行動）の直後には（よほど危険な行動でもない限り）できるだけ関わらないようにすることです。この原則を常に意識して子どもと接すれば、望ましい行動は増え、望ましくない行動は減るはずです。

Q8 6歳1か月の男の子、4歳6か月の女の子の2人の子どもをもつ母親です。子どもたちの**きょうだい喧嘩**にうんざりしています。ちょっとしたことで言い合いを始め、口ではかなわない兄が妹をたたき、妹が泣き、私に叱られた兄が泣き、泣きやまない二人を見て私が泣きたくなるというサイクルが毎日繰り返されています。なにを言っても、何度言ってもきょうだい喧嘩をやめてくれません。なんとかならないものでしょうか。

A8 だいぶお困りのようですね。お子さんの泣き声が聞こえてきそうなご相談です。「なにを言っても、何度言ってもきょうだい喧嘩をやめてくれない」とのことですが、きょうだい喧嘩が起きたとき、お母さんがどのような対応をしているか考えてみてください。

　一般的には、きょうだい喧嘩が始まったときに、注意したり、叱ったり、なにか罰的な手段（おやつを抜く、テレビを見せない、お小遣いを減らすなど）を使ったりすることが多いと思いますが、これまでそうした対応をしてもきょうだい喧嘩が減らなかったとすれば、おそらく同じような対応を続けても事態は変わらないと思います。

　そこで一つ提案です。きょうだい喧嘩が起こった直後に注意したり、叱ったり、罰的な手段を使うのではなくて、"喧嘩をする行動"とは反対の行動、たとえば「（喧嘩をしないで）一緒にテレビを見る行動」「（言い合いをすることなく）同じ部屋で本を読んだりゲームをする行動」が生じているときにおやつをあげたり、ほめたりするのはどうでしょう。

　要するに、"望ましくない行動"を減らしたいときに、その行動そのものに着目してそれを減らそうとするのではなく、その行動と反対の"望ましい行動"に目を向け、"望ましい行動"を増やすことにより相対的に"望ましくない行動"を減らすのです。

　当たり前のことですが、子どもでも大人でも、人から「注意されたり」「叱られたり」「おどされたり」するより、「ほめられたり」「認められたり」「注目されたり」するほうがずっと気分がいいものです。子どもの行動をより望ましい方向に変える場合にも、できるだけ「ほめる」「認める」「注目する」といった、子どもにとっても大人にとっても"気分がいい手段"を使うようにこころがけると、無理なく行動を変容させることができます。

　こうした方法は多くの場面で効果的です。どうぞお試しください。

Q9 「胎教」ということばをときどき耳にします。本当に効果があるのでしょうか？

A9 子どもがお母さんのおなかの中にいるうちからなんらかの教育をするというのが「胎内教育」、略して「胎教」です。おなかの赤ちゃんにクラシック音楽を聞かせる、外国語の音声を聞かせる、話しかけるなどがよくある「胎教」です。"究極の早期教育"ともいえる「胎教」の背景には、子どもに対する親の「期待」「不安」「あせり」などがあるのかもしれません。

　さて、その「胎教」の効果についてですが、残念ながら現在のところ「胎教」の効果は科学的に証明されているわけではありません。効果があるとも言いきれませんし、ないとも言いきれません。ただ、妊娠後期になるとおなかの中の胎児が様々な音を聞いていることがわかっていますので、聴覚的な刺激が胎児になんらかの影響を与える可能性は否定できません。また、妊婦の精神状態が胎児に影響することもよく知られています。たとえば、妊婦が強いストレスを感じると、母親の血液中にアドレナリンというホルモンが放出され、心拍数が増え、血圧が上がります。母親の血液中のホルモンは胎盤、へその緒（臍帯）を通って胎児の体に流れ込み、それが胎児の脳に伝えられると、胎児自身がアドレナリンを分泌するようになります。つまり、妊婦がストレスを感じると、胎児も同じようにストレスを感じるのです。こうしたことを考えると、「妊婦ができるだけストレスをためずに、おだやかな気分で毎日を過ごすこと」が最高の「胎教」になると思われます。おそらく、おなかの中の赤ちゃんもそうした環境を望んでいると思います。

　「胎教」に関する様々な研究があることは知っていましたので、私のうちでも、妻の妊娠中、おなかの中の我が子に対し頻繁に話しかけるようにしました。クラシック音楽も聞かせましたし、外国語のテープも流しました。現在、上の息子は25歳、下の娘は23歳になります。いまのところこれといった効果は出ていないようですが、父親としては、「胎教」の効果が出るのはこれからだと信じています。……ちょっと遅いかな？

Q10 いわゆる "癇が強い" と言うのでしょうか。うちの1歳半になる息子はとにかくよく泣きます。ちょっとしたことで機嫌が悪くなり、すぐに泣き出し、なかなか泣き止みません。特に夜は機嫌が悪く、なかなか寝ついてくれません。眠るまで1時間以上もそばにいなければならないこともあります。どうしたらいいでしょう。

A10 こうしたお悩みをもつご家庭も多いかもしれません。ご参考になりそうな研究がありますので、以下に紹介します。

《ウィリアムズの実験》[※1] 対象となったのは1歳9か月になる男児。この子は生まれつき病気がちで、周囲の大人から特別な注意が払われることが多く、健康体となった現在でも、以前のように「かまってもらう」ことを要求し、要求が通らないとすぐに "かんしゃく" を起こしていた。その顕著な例が寝るときだった。この子は子ども部屋のベッドで寝かされていたが、両親のいずれかがそばにいなければ眠ることができず、寝つく前に親が部屋を出て行こうとすると "かんしゃく" を起こし、泣き叫んだ。そのたびに親は子ども部屋に戻り、子どもが寝つくまでそばにいなければならなかった。この子は、"かんしゃく" を起こしさえすれば、親が「かまってくれる」ということを学習しているかのようであった。この子の "かんしゃく" 行動は、親がかまうことによって強められ、維持されていると考えたウィリアムズは、"かんしゃく" を起こしても、子ども部屋に戻らないよう親にアドバイスした。つまり、"かんしゃく" 行動の直後に与えられていた親の「かまう」という刺激を除去することにしたのである。こうした手続きを導入した結果、最初の日は45分間泣き続けたが、それ以後この子の "かんしゃく" 行動は激減した。

　いかがでしょうか。この研究でみられるように、子どもの望ましくない行動に対して親がかまったり、注目したりすることが、その行動を起こりやすくしているケースがよくあります。こうした場合には、その行動の直後にかまったり注目したりすることはやめることです。いつもうまくいくとは限りませんが、ひとつの方法としてお考えください。ただし、"泣く" ことの原因が単に "かんしゃく" ではない可能性もありますので、こうした対応をしても改善しないような場合は、専門機関に相談することをお勧めします。

※1　Williams, C.D. (1959). The elimination of tantrum behavior by extinction procedures. *Journal of Abnormal and Social Psychology*, **59**, 269.

Q11 子どもと話をしていて、よく言い争いになってしまいます。
言い争いにならないで、**おだやかに会話**する方法はないでしょうか。

A11 子どもと言い争いになってしまう会話にはいくつかのパターンがあると思いますが、こちら（＝親）が思っていることをそのまま口に出してしまい、それに対して子どもが反発するというケースが多いのではないでしょうか。

　もう少し具体的に言うと、「子どもの話をきちんと聴かずに、こちらの意見を言う」とか「親が子どもにとってネガティブな発言（否定する、反対する、責めるなど）をする」などです。要するに、こちらが思っていることをそのまま子どもに伝えて、お互いの意見がぶつかってしまうことが、言い争いのきっかけになるケースが多いような気がします。

　となると、解決策は簡単です。できるだけ「こちらが思っていることを言わない」ようにすればいいのです。

　「思っていることを言わない」のには黙っているのがてっとり早いのですが、通常の会話でひたすら黙っていることなんてできません。会話をしながら、かつ「思っていることを言わない」のに良い方法があります。それは、「子どもの発言を聴き、ことばを変えてそれを言い換えること」です。たとえば、こんな感じです。

　子ども「ママなんて、いつもお兄ちゃんのことばかり可愛がって。ひいきだ、ひいきだ。アタシのことなんか、どーでもいいんでしょ！」

　母　親「あなたは、ママがお兄ちゃんのことだけを大事に思って可愛がってると思ってるのね。（なんでそう思うの？）」

　こうした言い方ですと、子どもの発言を言い換えているだけですので、意見がぶつかることはありません。また、子どもは「自分の話をちゃんと聞いてくれている」と感じやすくなります。母親が「なに言ってんのよ。そんなわけないでしょ。今度そんなこと言ったら、絶対許さないからね」などと言い返した場合には、おそらく言い争いになってしまうでしょう。

★上記の方法は、子どもとの会話に限定されたものではありません。大人同士の会話でも有効です。大人同士の会話にお悩みの方は、どうぞ参考になさってください。

Q12 6歳8か月の女の子と3歳2か月の男の子の母親です。
下の子の発達が心配です。上の子よりも歩き始めが遅かったですし、ことばに関しても上の子が3歳を過ぎた頃にはもっといろいろなことを話していたと思います。近所のお子さんたちと比べても、**いろいろな面で遅い**ような気がします。心配です。

A12 こうしたご相談を受けたときには、次のような図をお見せすることとにしています。

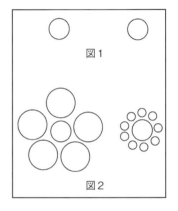

まず、図1の左右の円を見てください。ご覧のとおり、これは同じ大きさの2つの円です。次に、図2をご覧ください。左右の中央の円を比べると、左側の大きな円に囲まれた中央の円のほうが、右にある小さな円に囲まれた中央の円よりも小さく見えませんか？

でも、これは目の錯覚です。図2は、図1の2つの円の周りに大きさの異なる円を書き足しただけなのです。ですから、図2の左右の中央の円は同じ大きさです。

ここでわかっていただきたいことは、「同じ円でも、どういう大きさの円が周りにあるかで違った大きさに見える」ということです。子どもの成長や発達についても同じことが言えると思います。どういう子と比べるかによって、その子の成長や発達が"早く"も"遅く"も感じられるのです。成長・発達が早い子と比べると"遅く"感じますし、逆に遅い子と比べると"早く"感じるのです。一般的に、私たちは"比べること"が好きですが、"比べること"で、そのものの本当の姿が歪んで見え、そのものの姿を正しくとらえられなくなってしまうことがあります。わが子の成長や発達が気になるのはどの親も同じですが、きょうだいや周りの子どもたちと比べて、"早い"とか"遅い"と一喜一憂するのはやめたほうがよろしいかと思います。どうしてもご心配のようなら、専門家に相談することをお勧めします。

★ここで述べたような大人が子どもをみるときの"見方のクセ"については、以下の本をご参照ください。
・藤田勉『ふじたつとむの子育て・保育虎の巻《見方の"クセ"と"思い込み"編》』（ほおずき書籍）

Q13 生後10か月の子どもの母親です。子どもはいつ頃から "自分" というものを意識するのでしょうか。

A13 子どもが "自分" というものを意識することを "自我にめざめる" とか "自己意識が発達する" といった言い方をします。心理学では、子どもがいつ頃から "自我にめざめる" のかをチェックする方法がいくつか考えられています。

　最初にご紹介したいのが、ルージュ・テスト（「口紅課題」「マーク・テスト」とも呼ばれます）という方法です。この方法では、まず子どもを鏡の前で遊ばせます。鏡の前に子どもが好きなおもちゃを置いておくのがいいでしょう。鏡は子どもの全身が映るような大きなものを使ってください。しばらく鏡の前で遊ばせた後に、子どもの顔を拭くようなフリをして、子どもの鼻の頭に口紅で赤い印をつけてください。その状態で子どもの様子を観察します。もし子どもが自分というものをはっきり意識していれば（つまり、自我にめざめていれば）、鏡を見てさっきまではついていなかった変なものが自分の鼻についていることに気づくと、自分の鼻のほうに手をもっていきます。逆に、子どもがまだ自分というものをはっきり意識できていない状態ですと（つまり、自我にめざめていなければ）、自分の鼻のほうに手をもっていくのではなく、鏡のほうに手を伸ばしたり、まったく無関心だったりします。子どもによっては、鏡に映っているのがまったく別な人であるかのようにふるまったり、鏡の中の人に手をふったりする子もいます。実際にルージュ・テストを行った研究結果から、子どもが自我にめざめるのは生後1歳半から2歳頃と考えられています。

　ルージュ・テストのほかにも「名前課題」という方法でも子どもが自我にめざめているかどうかを調べることができます。名前課題でも大きな鏡を用います。子どもを鏡の前に立たせ（座らせ）、子どもの後ろから鏡に映っている子どもを指さして「あの子だれ？」と聞いてみてください。子どもが自分の名前を言ったり、「アタシ」とか「ボク」と答えたなら、自我にめざめていると判断できます。

Q 14 以前「おさなご」のこの「子育て・保育ワンポイント講座」の中で、ことばの発達に関するQ＆Aがありました。その中で、「ことばの発達には表出面の発達と理解面の発達という２つの側面がありますが、多くのお母さんやお父さんのご心配は表出面の発達に関わることが多いようです。理解面の発達のチェックも忘れないでください」と書かれていました。その**理解面の発達**をチェックする方法について教えてください。

A 14 このコーナーを丁寧に読んでいてくださりありがとうございます <m(＿)m>。担当者として、とてもうれしく思います。ご質問にありますように、以前の号（2013年５月号 vol.274，本書 P.2 参照）で、理解面の発達（＝人の話を聞いてちゃんとわかる能力の発達）をチェックすることの大切さを指摘しました。

　さて、その理解面の発達をチェックする方法ですが、そんなに難しいことではありません。たとえば、お子さんに「○×ちゃん、テレビの横にあるお人形さん、ママに持ってきて」と聞いてみてください。お子さんが人形を持ってくれば、きちんとことばを“理解している”ということになります。このように、ごく日常的な場面で、こちらからの問いかけに対して適切に反応できているかどうかをチェックしていただければよいのです。

　ただ、その際に気をつけなければならないことがあります。やはり親としては子どもに「わかってもらいたい」「理解してもらいたい」という気持ちがありますから、知らず知らずのうちに様々なヒントを出してしまうことが多いようです。上の例ですと、「テレビの横にあるお人形さん」というところで人形がある方向を指さしたり、「ママに持ってきて」のところでてのひらを上にした状態で両手を重ねて“ちょうだい”の手をしてしまったりするなどです。しかし、そうしたジェスチャーによるヒントつきの聞き方ですと、たとえことばを理解できていなくても、子どもが人形を持ってくる可能性があり、理解面の発達を正確にチェックしていることにはなりません。できるだけそうしたジェスチャーを入れないで（＝人形がある方向を見たり、“ちょうだい”の手をしたりすることなく）、ただ「テレビの横にあるお人形さん、ママに持ってきて」と聞くようにしてください。そうしたやり方でもちゃんと人形を持ってくるようであれば、ことばを“理解している”ということになります。

Q15 うちの息子はこの春、幼稚園を卒園し、小学校に入学しました。子どもが大きくなるに従い、だんだん子どもの将来のことが不安になります。この先も大きな病気をすることなく無事に育ってくれるだろうか？　いい学校に入れるだろうか？　学校を出てからちゃんと就職できるだろうか？　幸せな結婚はできるだろうか？　まだまだ先のことかもしれませんが、不安だらけです。**心配し過ぎ**でしょうか？

A15 親として子どもの将来を心配するのはごく当然のことだと思います。こうしたご心配はよーくわかります。どちらかというと、私も心配症のほうなので、いろいろなことを想像（妄想）して、不安になったり、いやーな気持ちになったりすることがよくあります。特に私の場合、自分にとって"嫌なこと""困ること"をリアルに想像して、その想像の世界にどっぷり入るのが"得意"なので、「あーなったら嫌だな」「こんなことになったらどうしよう」などと心配になったり、不快になったり、イライラしたり、怒りを感じたりすることは日常茶飯事です。しかし、自分にとって嫌悪的な状況を想像（妄想）することで自分自身がつらくなるのは、自分で自分の首を絞めているのと同じことです。不安、不快、イライラ、怒りが続くと体にも悪い影響がでるかもしれません。

　こんな感じですので、とても人様に対して助言できる立場ではありませんが、私自身が普段注意していることを以下に書くことにします。

　まず、自分自身を不安にさせたり、不快にさせたりすることが"現実"なのか、それとも自分の思考や想像が作り出した"非現実"なのか区別します。何に対して自分が不安・不快になっているのか、その原因を明確にするのです。そして、自分を不安・不快にさせているのが、自分自身の思考や想像（＝イメージ上の"非現実"）であるならば、「それは現実ではないのだから、過度に心配したり不快になったりする必要はない」と思うようにしています。また、まだ起きていないイメージ上の"非現実"に対しては、「確かにそれが"現実"になる可能性はあるけど、もしそうなったら、そのときに考えればいいさ」と"ひらきなおる"こともあります。

　以上が私の"不安に対する対処法"です。ごく個人的なものなので、必ずしも皆さんにとっても有効かどうかわかりませんが、少しでも参考になればうれしく思います。

　……参考になるかなぁ？　どうかなぁ？　心配だなぁ (^_-)-☆。

Q16
うちの子（5歳3か月男児）はひとりっこです。わたしたち夫婦の親にとっても初めての孫で、周囲の大人たちからチヤホヤされることが多く、これまで過保護に育てられたような気がします。そのためか、とてもわがままで、自分の気に入らないことがあると、すぐに怒ったりすねたりします。いま考えても、「あのときはあのように接するべきじゃなかった」「あんな接し方をしたのは間違いだったのでは」と思うことがたくさんあり、これまでの**育て方を反省**する毎日です。

A16
同業者の"悪口"を言うのもなんですが、心理学者の中には、過去の出来事を重視する人たちがいます。「あの女性が男の人と目を合わせることができないのは、以前つきあっていた人とひどい別れ方をして、それがトラウマになっているからに違いない」「あの男性が女性よりも男性を好きなのは、幼少期の体験が原因になっているからだ」云々です。でも、そうしたコメントを耳にすると、私は「それってホント？　アンタ、なんでそんなことわかるの？」と思ってしまいます。タイムマシンでも持っていて、自由自在に過去に行けるのならともかく、ある人物が経験した過去の出来事が現在のその人の行動の原因になっているかもしれないなんて、誰にもわかるわけはないのです。それなのに、さもわかったような顔をして、安易に行動の原因を過去の出来事に求めるのは問題だと思います。

　同じように、過去の子どもとの関わり方が現在の子どもの行動に影響している可能性はありますが、そうでない可能性もあります。本当のところは誰にもわかりませんし、確かめることもできません。「この子は、甘やかされたからわがままになったんだ」と決めつけて、過去の接し方を悔やんで、いやーな気持ちになるのはご自分を苦しめるだけです。

　当たり前のことですが、過去のことはどうにもなりません。過去のことをあれこれ考えるより、現在の行動になんらかの問題があるのならば、これからどのようにしたらその行動を少しでも改善することができるのかを考えることのほうが、ずっと生産的ではないでしょうか。お子さんの場合ですと、いまわがままな行動が頻繁に起こっているのであれば、今後周囲の大人たちがどのような接し方をすれば、わがままな行動が少しでも減少するのかを一生懸命考えることが大切だと思います。

Q17 子どもの性格について悩んでいます。とにかく、うちの子は気が弱いんです。人見知りで引っ込み思案で、ちょっとしたことですぐにめそめそ泣いてしまいます。両親（私と主人）はどちらかというと気が強いほうなのですが、どうして**子どもの性格**がこんなになったのか不思議です。もっと堂々とたくましく育ってほしいと思っているのですが。

A17 図3をご覧ください。なんの変哲もない立方体だとお思いになるかもしれませんが、しばらく見ていると2通りの見え方がしてきませんか？

図3

そうです。立方体を斜め上から見たところと斜め下から見たところです。最初のうちはどちらか一方の見え方しかしないと思いますが、慣れてくるともう一方の見え方もできるようになるはずです。2通りの見え方ができるようになるためには、ちょっとした"努力"や"コツ"が必要です。

　子どもはいろいろな面をもっています。同じ子どもでも、気が弱いところ、強気なところ、臆病なところ、大胆なところ、やさしいところ、冷たいところ、神経質なところ、無神経なところ等々です。しかし、どういった面が表面に出やすいかは子どもによって違います。どういう面が表面に出やすいかで、その子の"個性"が決まってくるという言い方もできると思います。

　私たち大人は子どもを一面的に見がちです。いろいろな面をもっているかもしれない子どもを「この子はこういう子だ」「あの子の性格はこうなんだ」といった一方的な思い込みで子どもをとらえることがよくあります。また、そうした大人の一方的な見方が子どもの性格形成に影響する可能性もあります。

　先ほど見ていただいた立方体のように、いつもと違った見方をすると、こちらが思っているのとは違う子どもの面が発見できるかもしれません。

　「この子は気が弱い」と決めつけることはしないで、お子さんのいろいろな面をみつけるようにしてください。この場合もちょっとした"努力"や"コツ"が必要だと思いますが、普段からこころがけていると、きっとこれまで気がつかなかった新しい面が見えてくると思いますよ。

★ここで述べたような大人が子どもをみるときの"見方のクセ"については、以下の本をご参照ください。
・藤田勉『ふじたつとむの子育て・保育虎の巻《見方の"クセ"と"思い込み"編》』（ほおずき書籍）

子ども（4歳男児）の**ひとりごと**が気になっています。ひとりで遊んでいるときにも、周りにお友達がいるようなときにも、ときどきひとりごとを言います。大丈夫でしょうか？

幼児期の子どもはよくひとりごと（独語）を言います。これは多くの幼児にみられるものですから、特に心配する必要はないと思われます。

　幼児期の子どもにみられる「他者への伝達を目的としない発話」は自己中心語（あるいは「プライベート・スピーチ」）と呼ばれています。こうした自己中心語は幼児期に頻繁にみられ、年齢があがるにつれて減っていきます。ことばというのはコミュニケーションの道具なのに、なぜこのようなコミュニケーションを目的としない発話が生じるのかについては、いくつかの考え方があります。

　スイスの心理学者・ピアジェ（1896-1980）は、「子どもは自分以外の他者の立場に立って物事を見たり考えたりすることが苦手で、いろいろな場面で自分の視点に偏った見方や考え方をする」とし、こうした傾向を「自己中心性」と名付けました。自己中心語も子どものもつ自己中心性の表れの1つであり、聞き手の立場や理解に対する配慮がなく、自分の発話にのみ注意が向けられるために生じるとしています。

Q19 高校１年生の女の子、中学２年生の男の子、幼稚園年長組の男の子の３人の子どもをもつ母親です。私たちが子どもだった頃に比べ、**最近の子どもは体格**が良くなっているような気がします。これは気のせいでしょうか？

A19 決して気のせいではありませんよ。確かに昔の子どもに比べ最近の子どもの体格は良くなっています。たとえば、13歳男子の平均身長を昭和23（1948）年度と平成25（2013）年度で比較すると、昭和23年度が139.8㎝だったのに対し、平成25年度は159.5㎝でした。つまり、この年齢の男子の平均身長は65年間で20㎝近くも大きくなっているのです。また、今の子どもは昔の子どもに比べ、成熟の時期が早くなっています。これは、乳歯や永久歯のはえ始めの時期、初潮・精通などの性的成熟の年齢が早まっているということです。

　このように、今の子どもたちは昔の子どもたちよりも体格が向上し、成熟の時期も早期化していますが、その反面、以前に比べて全体的に体力・運動能力が低下しており、「体をコントロールするのが苦手」⇨「そのため転びやすかったりけがをしやすかったりする」などといった決して"望ましい"とは言えない点も指摘されています。

Q20 うちの子はよく言い間違いをします。
言い間違いの中には可愛らしい間違いもありますが、**頻繁に言い間違いをするので**、ちょっと心配になります。

A20 ご相談のように、子どもはよく言い間違いをします。言い間違いの中でも、幼児期には発音の間違いがよく起こります。幼児期にみられる誤った発音は「幼児音」と呼ばれ、次のようなタイプに分類されます。

①音の脱落・省略：「テレビ」を「テービ」、「ヒコーキ」を「コーキ」というように音が脱落・省略されるタイプの言い間違い。

②音の置換：音の一部が別な音に置き換えられてしまう言い間違い。置き換えられる音は子どもにとって比較的発音しやすい音であることが多いようです。「エンピツ」が「エンペツ」に、「ローソク」が「ドーソク」になるなどがその例です。

③音の転置：単語に含まれる音が入れ替わってしまうタイプの言い間違い。「トウモロコシ」が「トウモコロシ」に、「エレベーター」が「エベレーター」になるなどです。

④音の添加：「イラナイ」が「イランナイ」になるなど、余分な音が挿入されるタイプの言い間違いです。

⑤音の同化：「カイモノ」が「カイノノ」になったり、「ジュース」が「ジュージュ」となったりするように、前後の音に同化して同じ音が発音されてしまう言い間違いです。

　子どもの言い間違いは、子どもが緊張しているときや情緒的に安定していないときにも増える傾向があるようです。子どもの言い間違いに対して、いちいち注意したり修正したりすると、余計に子どもを緊張させたり、不安にさせたりすることになり、かえって言い間違いを増やすことになってしまう場合があります。また、頻繁に注意をすると子どもの発話行動そのものを減少させてしまう可能性もあります。ご心配だとは思いますが、多少子どもが言い間違いをしても、できるだけ鷹揚に接することが大切だと思います。

　子どもばかりでなく、大人も緊張したときには言い間違いをします。以前、私のゼミの学生が就職試験の面接が終わった後、面接室から出るときにこう言ったそうです。

「失礼いたす!!」

　緊張して、「失礼いたしました」と「失礼します」が混ざったようです。……武士じゃないんだから (-_-;)。

幼稚園の年中組に通う女児の母親です。
うちの子は絵を描くことが好きなのですが、ひとつ気になることがあります。それは、人以外のどんな物を描くときにも**人間の顔を描いてしまう**ことです。これって普通のことでしょうか。

確かに幼児が絵を描くとき、何にでも人間の表情を描くことがあります。月や太陽を描かせると、目や鼻や口を描いたりするのは典型的な例です。イギリスの幼児向け番組「きかんしゃトーマス」などは、幼児期のこの特徴をヒントにして作られたのだと思います（たぶん）。

　絵を描くときばかりでなく、幼児は無生物にも感情や表情があると見ることがあります。こわれたコップを見て「コップさん、イタイイタイ（痛い痛い）だね」と言ったり、飛んでいるシャボン玉を見て「シャボン玉、うれしそーだね」と言ったりするなどです。このように、無生物や人間以外の生物にも感情や表情を感じる傾向は「相貌的知覚」と呼ばれています（「相貌」とういのは、「顔かたち、容貌」という意味です）。「相貌的知覚」は幼児期によくある現象ですので、特に心配する必要はないと思います。

　なぜこうした現象がみられるのかというと、幼児が「自分と自分以外の"もの"との間の区別がまだ明確にできていないから」だと考えられています。つまり、幼児は「自分には"楽しい""悲しい"などの感情があるのだから、自分以外の"もの"にも自分と同じようにそうした感情があり、それを表す表情もあるんだ」と考えてしまうのです。

　幼児期にみられる「相貌的知覚」は大人にはないのかな？　と考えてみたところ、それらしきものがありました！(^^)！　宴会芸の1つである"腹踊り"です。会社の宴会などで男性（メタボ体型のオジサンであることが多い）が自分のお腹に人の顔を書いて、お腹をへこませたりふくらませたりしてお腹の顔の表情をいろいろ変化させる、あれです。顔じゃないところに表情を見るという意味では、ちょっとそれっぽいと思いません？

　腹踊りについてイメージがわかない人は、以下のサイトをご覧ください。
【妖怪ウォッチ】みんなに腹踊りを踊ってもらいました！「第17話はらおドリ」
http://www.youtube.com/watch?v=LX9LnLY11-k

Q22 ストレスが多い毎日です。
子どもはちっとも私（母親）の言うことを聞いてくれませんし、夫も私がやってほしいことはやらず、やってほしくないことばかりやっています。どうしたものでしょう。

A22 もしかしたら、あなたはお子さんやご主人に対して「（子どもや夫は）こうあるべきだ」、「〜をするべきだ」、「〜はするべきではない」という気持ちを強くもっていませんか？

　心理学ではこうした思考を「べき思考」と呼んでいます。自分以外の他者に対して「私が望むように行動するべきだ」、「自分と同じように考えるべきだ」といった考え方のことです。もちろん、あなたは「子どもや夫のため」と考え、そのように思考するのだと思いますが、実はこうした「べき思考」を強くもつ人ほどストレスがたまりやすいのです。なぜなら、人は「自分が望むように」行動してくれませんし、「自分と同じように」考えてもくれないからです。

　誰でも自分以外の人に対して「こうしてほしいな」とか「こういうふうに考えてほしいな」と思うことはあります。英語で言うと、それは "wish"（〜してほしい）ですが、その気持ちが強くなりすぎると "should"（〜するべき）になってしまいます。でも、考えてみてください。誰だって他の人から「あなたはこうするべきよ」とか「こう考えるべきだ」などと言われたら、いい気はしないと思います。自分だってそうなのですから、他の人だってそうです。

　親がもちがちな「べき思考」に「良い母親（父親）であるべき」というのがあります。こうした気持ちも、「そうだったらいいなぁ」くらいの "wish" にとどめておくといいのですが、それを強くもち過ぎると、いつのまにか "should" になり、「べき思考」になってしまいます。でも現実には、" 良い母親（父親）" ではないことが多いですから、そのたびに理想と違う自分自身が嫌になりイライラしたり、いやーな気持ちになったりしてしまいます。それなら、最初からそうした「べき思考」はもたないほうが楽ですし、ストレスもたまりません。そもそも、「良い母親（父親）」というのは、親が決めることではなく、子どもが決めることですしね。

　「べき思考」はできるだけもたないようにすると、ストレスは減ると思います。

Q 23 よく「あなたは人の話を聞いてない」と言われます。
自分ではちゃんと聞いているつもりなのですが、他の人からみればそうではないようです。娘にもときどき
「ママはワタシの話をちゃんと聞いてくれない」と言われます。どうすればいいでしょうか。

A 23 人の話を「きく」というときの「きく」には3種類あります。漢字で書くと、"聞く""聴く""訊く"の3つです。最初の"聞く"は、「ことばや音を耳にする」「物音がきこえてくる」というように、どちらかというと受動的に音声を感じるときに用いられます。それに対して、2つ目の"聴く"は、「より積極的に耳を傾ける」場合に使われます。そして3つ目の"訊く"は、「問いただす」といった意味で使われることが多いようです。

　これら3つの「きく」のうち、良好なコミュニケーションを築く上で大切なのは"聴く"です。自分が言いたいことはできるだけ言わず、相手の話を傾聴して、その人が言おうとしていることを正確に理解しようとするのが"聴く"なのです。

　ところが、日常場面では、この"聴く"がなされていないことがよくあります。次のようなことはありませんか？
①相手が言おうとしていることを思い込みで推測し、きちんと話を聴かずに自分の意見を言う。
　　娘　：「ねぇ、ママー。あのさぁ、ちょっと話があるんだけどー」
　　母親：「なに？　どうせまたおこづかいでしょ。この前あげたばっかりだから、ダーメ」
②相手の話を聴いているつもりでも、結局は自分が言いたいことを言う。
　　娘　：「ねぇ、ママ。今度どこかに連れてってよ」
　　母親：「はいはい。そのうちね。それはそーと、あんた、ちゃんとお弁当持った？　なんか忘れ物してない？」
③相手の話の内容を確かめることをしないで、つい感情的になって発言する。
　　娘　：「ママ、最近メイクもりすぎじゃない？」
　　母親：「ママの勝手でしょ (-_-;)。あなたには関係あーりーまーせーん」
　上の場合も母親がちょっと言い方を変えて以下のように答えると、娘さんの印象も違い、「ママはワタシの話を聴いてくれている」と感じやすくなると思います。
①「話ってなに？　なにか困ったことでもあるの？」
②「たまにはどこかに行きたいのね。行きたいところがあるの？」
③「そっか、そう思うんだ。じゃあ、どこをどうすればいいと思う？」

Q24 うちの息子は**極端な犬嫌い**です。
犬に触ることはもちろんできませんし、遠くに犬がいるのを見ただけで怖がります。
なぜこんなに犬が嫌いになったのか不思議です。

A24 子どもが動物を嫌いになるメカニズムに関して、アメリカの心理学者、ワトソンとレイナーが次のような実験をしています[※2]。彼らの実験は、後に「アルバート坊やの実験」として有名になりました。

　この実験で対象となったのは生後9か月になるアルバートという名前の男の子です。まず、実験者はアルバートに白いネズミ、ウサギ、犬などを見せ、アルバートがどのような反応をするか確かめました。しかし、それらの動物に対してアルバートはまったく怖がる様子はありませんでした。次に、実験者はアルバートの背後で鉄の棒をハンマーで思い切り叩いてみました。すると、アルバートは驚いて泣き叫びました。つまり、この段階で、白いネズミ、ウサギ、犬はアルバートの恐怖反応を引き起こさない刺激、背後からの突然の大きな音はアルバートの恐怖反応を引き起こす刺激だったのです。アルバートが生後11か月になったとき、新たな手続きが加えられました。恐怖反応を引き起こさない刺激である白いネズミと恐怖反応を引き起こす刺激である突然の大きな音をほぼ同時に提示したのです。すなわち、アルバートが白いネズミに触れようとした瞬間に、彼の背後で鉄の棒をハンマーで叩いたのです。こうした手続きを何回かくり返すと、アルバートは白いネズミを見ただけで泣き叫ぶようになりました。さらに、ウサギや犬を見ても恐怖反応を示すようになったのです[※3]。

　この実験で明らかになったことは、恐怖反応を引き起こす刺激と恐怖反応を引き起こさない刺激がほぼ同時に提示されると、それまで恐怖反応を引き起こさなかった刺激も恐怖反応を引き起こすようになるということです。息子さんの場合、犬を怖がるということですが、犬は突然吠えることもありますので、上の実験の大きな音と同じ効果があり、犬に対して恐怖反応を示すようになったのかもしれません。

※2　Watson, J. B., & Rayner, R. (1920). Conditioned emotional reactions. *Journal of Experimental Psychology*, 3, 1-14.

※3　倫理的に問題があるため、このような実験を行うことは現在では認められていません。

幼稚園の年中クラスを受けもつ教諭です。

私のクラスに1人、**"困ったちゃん"** がいます。仮にA君としますが、A君はとにかく私の指示に従わないのです。私がやってほしいことはやらず、やってほしくないことばかりやります。もう手におえません。

以前にも園児の「気になる行動」や「困った行動」に関するご質問がありました（2013年9月号 vol.276、本書P.7参照）。そのときのお答えと重なる部分もありますが、以下のことを参考にA君との関わり方を少し変えてみてください。

　まず、A君の行動を"望ましい行動"と"望ましくない行動"に分けます。そして、"望ましい行動"が起きた直後には意識してA君に声をかけたり、微笑みかけたりするなどして積極的にかまってください。逆に、"望ましくない行動"が出た直後にはできるだけかまわないようにしてください。

　こうした対応は、学習心理学で明らかになっている行動の基本性質に基づくものです。行動の基本性質というのは次のようなものです。

《行動の基本性質》
①ほとんどの行動の起こりやすさは、その行動が起こった直後にどのようなことがあるかによって決まる。
②行動が起こった直後になにか"いいこと"があれば、その行動は将来起こりやすくなり、行動が起こった直後になにか"悪いこと"があれば、その行動は将来起こりにくくなる。

　実際の保育場面では、この行動の基本性質をあまり考えないで子どもと接していることが多いようです。例えば、"望ましくない行動"が起きた直後に注意するなどして、子どもに注目し、かまうことがよくあります。しかし、大人が子どもに注目したり、かまったりしたりすることは、多くの場合、子どもにとって"いいこと"になります。子どもはその"いいこと"を得るために、大人に注意されたり、怒られたりすることもあります。大人はそれをやめさせようと注意するのですが、結果的に子どもの"望ましくない行動"を増やすことになります。

　A君の行動の中には必ず"望ましい行動"があるはずです。"望ましくない行動"に目を向けるのではなく、A君が少しでも"望ましい行動"をした直後にかまうようにしてみてください。要するに、「気になる行動」や「困った行動」ではなく、その子のいい面（＝"望ましい行動"）に注目し、それを増やすように関わる、ということです。ちょっとした発想の転換ですが、きっと効果は出ると思います。

Q 26 3歳女児の母親です。うちの娘、時々 "変なこと" を言います。「おサルさんが幼稚園のブランコに座ってるのを見たよ」「どこに行けばプリンセスプリキュアに会えるの?」「あたし、いい子にしてたらお空を飛べるようになる?」など、実際にないことをあたかもあるかのように話したり、現実的ではないことを平気で言ったりするのです。ある意味、子どもらしくて可愛いのですが、ちょっと心配になります。

A 26 自分が考えたこと、夢の中に出てきたもの、あるいは架空の物語に登場する人物などが実在していると信じてしまうことは幼児期によくみられることです。発達心理学では、このように「自分が考えたり、想像したりしたものが本当に存在していると思い込んでしまう傾向」を「実念論」(あるいは「実在論」) と呼んでいます。幼児期の幼児はまだ主観と現実との区別がはっきりついておらず、両者を混同してしまうために、こうした実念論的な思考が生じると考えられています。こうした傾向は児童期に入ると徐々になくなりますので、心配する必要はありません。

　実念論に関係する (と思われる) エピソードを1つ紹介します。あるラジオ番組の投書コーナーで読まれたものです。幼稚園に通う娘さんのお母さんからのハガキだったと思います。

『うちの娘は最近、ピーター・パンに出てくる妖精のティンカー・ベルに夢中です。娘はティンカー・ベルが本当にいると信じきっています。ある時、娘が私にこんなことを言いました。

娘「ママぁ、ティンカー・ベルはね、金物を修理してくれる妖精なんだよ。壊れたおなべやフライパンがあったら直してくれるんだって。そんでねぇ、ティンカー・ベルがふりかける粉を浴びたら、誰でもお空を飛べるようになるんだよ」

娘があまりに一生懸命話すものですから、つい私もそれに合わせてこう言いました。

母「へー、そうなんだ。ティンカー・ベルってすごいんだね。あのねぇ、他の人に言っちゃダメだけど、実はママも妖精なんだよ」

　娘は、「えええーー!?　ママも妖精だったんだ。すごいすごい。で、なんの妖精??」

　そんなこと聞かれるとは思ってもみませんでしたから、すぐに答えることができずにいると、娘がこう言いました。

娘「ママはちょっと太ってるから、きっとお肉の妖精だね。でも重いからお空は飛べないね。かわいそー」

　……子どもに対してあまり "変なこと" は言わないほうがいいですね (^_-)-☆』

Q27 この春から幼稚園の年少クラスの担任をしています。うちのクラスの男児についてご相談します。この園児は家庭で甘やかされているらしく、幼稚園ではかなりの"ワガママくん"です。自分の気に入らないことがあればすぐに怒ったり泣いたりしますし、他の園児との喧嘩も絶えません。きっと家庭では、この子の言うこと・することはなんでも許されているのではないかと思います。どうすればいいでしょうか?

A27 幼稚園での園児の行動の原因を家庭環境や成育歴に求めることはよくあるようです。「A君が幼稚園で教諭の指示に従わないのは、家庭での躾(しつけ)がなっていないから」「B子ちゃんは小さい頃からおばあちゃんやおじいちゃんにちやほやされて育ったから、あんなふうになったんだ」等々です。お問い合わせの中にも「この園児は家庭で甘やかされているらしく」「きっと家庭では、この子の言うこと・することはなんでも許されているのではないか」とあり、幼稚園での園児の行動の原因が「おそらく家庭環境(あるいは成育歴)にあるのでは?」と推測されているようです。

しかし、幼稚園での園児の行動の原因を家庭環境や成育歴に求めてもしかたがないことです。というのも、家庭環境や成育歴に対しては幼稚園の先生はなにもできないからです。実際にその子の家庭に入って自らその子と関わったり、保護者に対して子どもとの関わり方について、事細かにアドバイスしたりすることなどできませんし、ましてや過去にさかのぼってその子の成育歴を変えることなど絶対にできません。

つまり、その子の行動の原因を"手出し"のできない家庭環境や成育歴に求めても、園内でのその子の行動をより望ましい方向に変える上で何の役にも立たないのです。それよりも、幼稚園の先生ができることを現実的に考え、できる範囲で最善を尽くすのが生産的だと思います。

「どうすればいいでしょうか?」とのご質問ですが、幼稚園の先生ができることは、実はそれほど多くはありません。当たり前のことですが、幼稚園の先生ができることは「園内で園児との関わり方を変えること」くらいです。園児の行動の原因を家庭環境や成育歴に求めるのではなく、先生の関わり方をどのように変えれば、園児の行動が少しでも望ましい方向に変わるのかを一生懸命考えてください。これまでと同じようにその園児と接していても、園児の行動はおそらく変わりません。まず、先生ご自身の対応を変えることが必要だと思います。

Q28 この４月から一人娘を幼稚園に預けています。自宅が幼稚園から近いので、朝は私（母親）が幼稚園まで送っていくのですが、**毎朝すんなりと登園してくれない**ので困っています。普段はそれほど甘えっ子というわけでもないのに、娘を幼稚園において帰ろうとすると大泣きするのです。娘もつらいかもしれませんが、そんな娘を見ると、私のほうがもっとつらくなります。

A28 いわゆる“母子分離ができていない状態”ですね。このような“母子分離ができていない状態”に陥る大きな原因と考えられるのが子どもをとりまく環境（＝周囲の大人たちの関わり方）です。登園時に次のようなことはありませんか。

○別れ際にお母さんが不安気（ふ あんげ）な表情をする。
○子どもが泣きだすと、お母さんが子どものもとに引き返し、「大丈夫だからね。ママ、ちゃんと迎えに来るからね」などとやさしく声をかける。
○子どもが泣くと、幼稚園の先生がやさしくなだめたり、抱きあげたりする。

　母子分離ができていない状態を作るひとつの原因が、こうした子どもをとりまく環境です。お母さんの不安気な表情が引き金になった子どもの“泣く”という行動が、「（いつも以上に）お母さんや幼稚園の先生が自分（子ども）にかまってくれる」という好ましい状況を生むと、子どもの“泣く”行動は起こりやすくなります。つまり、“泣く”という行動が子どもにとっての好ましい状況を得るための手段となっている可能性があるのです。
　こうしたケースでは、以下のような対応をこころがけてください。

①別れ際にお母さんは不安気な表情を子どもに見せない。
②子どもが泣いた直後には、子どもにとっての好ましい状況が後続しないようにする。
③逆に、子どもが泣かないでスムーズに登園したときには子どもにとっての好ましい刺激（ほめる、声をかけるなど）を提示するようにする。

　最近は、大学の入学式や卒業式に保護者が出席することが多くなっています。私の勤務校でも、以前に比べ保護者の出席率はかなり高くなりました。と思っていたら、先日「会社の入社式に母親や父親が同伴することが増えている」というニュースが出ていました。そうした会社では、入社式に保護者席が用意され、保護者代表の挨拶が式次第に組み込まれているそうです。こうした現象を目にしたり耳にしたりするたびに、「これも母子分離（父子分離）ができていないということかな？」と考えてしまいます。

Q 29 うちの子は朝、何度言ってもさっさとお着替えをしてくれません。
毎朝、着替えさせるのに一苦労します。**スムーズにお着替え**をさせるいい方法はないでしょうか。

A 29 私のうちでも、子どもが小さかった頃に同じようなことがありました。子どもがなかなか着替えようとしないとき、私のうちでは子どもに「パパ（ママ）とお着替え競争しよう」と持ちかけていました。最初はわざと競争に負けて、子どもに勝たせます。そして、子どもが勝ったこと（＝大人より早く着替えたこと）を大いにほめます。「パパ（ママ）一生懸命お着替えしたのに、○×ちゃんには負けちゃったな。○×ちゃん、すごいね！」といった具合です。お着替え競争に勝つことがなにか"いいこと"（勝ったときの喜び、親に褒められるなど）につながることを経験すれば、お着替えをする行動は起こりやすくなります。このように、"遊び感覚""ゲーム感覚"でこちらが子どもにやってほしい行動を伝えるのも1つの方法です。

　我が家では、お着替え競争以外にも、次のような競争をやっていました。
○夜、子どもがなかなか眠らないとき→どっちが早く眠るか競争（早く眠ったほうが勝ち）。
○子どもがうるさいとき→どっちが長く黙っていられるか競争（先におしゃべりを始めたほうが負け）。

　こんな例があったそうです[※4]。
　野球好きの父親が幼稚園の年長組に通う息子をキャッチボールに誘うのですが、息子からたびたび拒否されます。父親は考えました。「キャッチボールをゲーム感覚でできるようにすれば、息子ものってくるかもしれない」。父親は息子にこう提案しました。「いいか、パパが投げるボールを落とさずにちゃんと捕れたら1ポイントだからね。ポイントがたまったら1ポイント1円でお小遣いをあげるよ」。この作戦が功を奏し、それからは日曜日ごとにこの父子はキャッチボールをするようになりました。ある日、二人がキャッチボールをする様子を見ていた母親が、息子がなにかブツブツ言いながらキャッチボールをしていることに気がつきました。気になった母親が息子の背後からそっと近づくと、息子はボールを捕球するたびに次のように言ってました。
「38円……、39円……、40円……」

※4　この例は、TBSラジオ「安住紳一郎の日曜天国」のメッセージコーナーの内容を参考にさせていただきました。

Q30 利き手について教えてください。夫は右利きですが、私（妻）は左利きです。遺伝なのかもしれませんが、3歳になる息子は左利きです。自分の経験からも、左利きはなにかと不便だと思います。早いうちに右利きに矯正したほうがいいでしょうか。

A30 いわゆる"利き手"というのは、左右の手のうち優位に使うほうの手をさし、一般的には、文字を書くほうの手、箸を持つほうの手、ボールを投げるほうの手などが利き手と判断されます。そして、利き手の矯正というと、ほとんどの場合、左利きから右利きに直すことです。左利きのお子さんをもつ親が「矯正が必要なのでは？」と考える理由としては、「少数派（左利き）よりも多数派（右利き）に所属していたほうがなにかと都合がいいし、便利だろうから」ということだと思います。たとえば、世の中の日用品や習慣等は右利きの人に有利にできていることが多いので、「左利きだと子どもに苦労させることになる」「（必要以上に）目立ってしまう」などと心配になり、左利きから右利きへの矯正を考えるのでしょう。

さて、その利き手の矯正についてですが、大きく分けて次の2つの見解があるようです。

①矯正は断じてするべきではない⇒「無理に矯正しようとすると、子どもにストレスがかかり、それが様々な悪影響を生む。子どもが左手を使うのは、子どもにとって自然なことなので、それに逆らうようなことを教えるのは子どもにとって大きな負担になる」
②矯正をしてもかまわない⇒「無理をしないのであれば矯正はかまわない。むしろ、利き手以外の手を使うことによって、脳が活性化されて良いのではないか。また、矯正の結果、両手を使えるようになると、ちょうど2か国語を話せるバイリンガルのようでいろいろと便利」

このように、利き手の矯正については相反する2つの見解があります。こうした相反する見解があるということは、要するに「なにが本当にいいのか」はっきりわからないということだと思います。利き手の矯正に限らず、子育てや保育には正解はありません。人それぞれ違うのですから、「ある人には良いこと」が別な人に対しても良く働くとは限らないのです。ですから、お問い合わせの件についても、軽々しく「こうしたほうがいいですよ」などとは言えません。悪しからず、ご了承ください m(＿)m。

Q31 母親の自分が**見ていないところ**での子どもの様子が気になります。
幼稚園では、ほかのお友達と仲良くやっているかしら？　スイミングではコーチの指示にちゃんと従っているかな？　お友達の家に遊びに行ったときはお行儀良くしているだろうか？　心配で心配でしょうがありません。

A31 まず図4をご覧ください。中央の水着の女性の一部分を同じ面積の四角形で隠したものが左下と右下の図です。左下の女性と右下の女性を比べてみてください。なんとなく印象が違いませんか？　右下の女性のほうが左下の女性よりも少しふっくらした感じに見えると思います。

図4

　この図からもわかるように、私たちは自分に見えていない部分を見えている部分から無意識に推測してとらえています。しかし、どの部分が見えているかによって、推測のしかたは違ってくるのです。

　お問い合わせの件も、お母さんは普段家庭などで見ているお子さんの姿から見えない場面でのお子さんの様子を推測して、「大丈夫かしら？」とご心配になっているのだと思います。しかし、お母さんが普段お子さんをどのように見ているかによって推測の内容は違ってきます。心配になる場合もありますし、逆に「たぶん大丈夫」と安心する場合もあります。

　親が見えないところで子どもがどのようにふるまっているかご心配になる気持ちはよくわかりますが、見えない部分を"悪いほう"に考えて、過剰に心配するとお母さんご自身が苦しくなってしまいますよ。

　どうしてもご心配なようでしたら、幼稚園の先生、スイミングのコーチ、お友達のお母さんに、それぞれの場でお子さんがどのようにふるまっているか確認してみてください。そうした確認をすることなく、「心配でしょうがない」という状態が続くのはお母さんにとってもお子さんにとっても良くないと思います。

もうすぐ2番目の子どもが生まれる予定です。
下の子が生まれると上の子が**"赤ちゃん返り"**すると聞きました。"赤ちゃん返り"にはどのようなもの
があるのでしょうか。

"赤ちゃん返り"については以前も解説しました（2013年7月号 vol.275, 本書 P.5参照）。以下
に要約します。

★赤ちゃん返りは、下の子（妹や弟）に向きがちな親の目を自分（姉や兄）に引き戻すための行動であるこ
とが多い。つまり、「赤ちゃんと同じようにすれば、ママやパパはワタシ（ボク）のほうを見てくれる」と
いう上の子の"もっと自分を見て行動"である可能性が高い。

　上の子の赤ちゃん返りには次のようなものがあります。
○**以前の行動が復活する**（それまでできていたことができなくなる）：おもらしやおねしょをするようになる、
　（すでに必要ないのに）おむつをつけたがる、それまで平気だったものを怖がるようになる、飲み物を（コッ
　プではなく）哺乳瓶で飲みたがる、ベビーカーに乗りたがるなど。
○**甘えるようになる**：「抱っこして」「一緒にねんねして」「ご飯食べさせて」「お洋服着させて」など。
○**わがままになる**：聞き分けがなくなる、よく泣く、すねる、いたずらをするなど。
　要するに赤ちゃん返りは、上の子が「赤ちゃんばかりでなく、もっと自分にかまって」というサインを出
しているのです。こうした行動が生じた場合、「もうお姉ちゃん（お兄ちゃん）なんだから！」と叱ったり拒
絶したりするのではなく、できるだけ上の子にかまってあげてください。「下の子ができたら、それまで以上
に意識して上の子と関わるようにする」と考えるくらいがちょうどいいと思います。
　こんな例があったそうです。ある主婦の"証言"です。
「ウチには男の子ばかりの4人の子どもがいます。次男ができたとき、長男の赤ちゃん返りが始まりまし
た。三男が産まれたときには次男の赤ちゃん返りが始まりました。そして四男ができたとき、三男と夫の赤
ちゃん返りが始まりました (^_-)」
【**参考**】夫の"赤ちゃん（子ども）返り"の症状例：「甘えるようになる」「わがままになる」「無理な要求を
　　　　するようになる」など。

今に始まったことではないのですが、子どもの頃からの**心配症**でひとつのことが気になったら、しばらくそのことが頭から離れません。子どもができてからはそうした傾向がさらに強くなったような気がします。

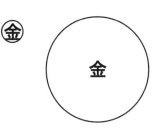

図5

図5をご覧ください。左上の小さな円と右下の大きな円の中に同じ「金」という漢字が書かれています。この2つの「金」の大きさを比べてみてください。左上の小さな円の中にある「金」のほうが、右下の大きな円の中にある「金」よりも大きく見えませんか？

　でも、この2つの「金」は同じ大きさです。「金」という漢字にしたのは、私たちの金銭感覚にも通じると思ったからです。たとえば同じ5,000円でも、財布の中に6,000円入っているときの5,000円と、財布の中に10万円入っているときの5,000円では、5,000円の価値は違って感じられるのではないでしょうか。

　さて、お問い合わせの件ですが、図5の円の大きさを、私たちの"思考の枠"と考えることはできませんか？

　つまり、同じような悩みや心配事を抱えていても、そのことだけに意識が集中して「心配だ、心配だ」「どうしよう、どうしよう」「困った、困った」と思いつめていると、その悩みや心配事は大きなものに感じられますが、「別な考え方もあるのではないか？」「こんな見方もできるのではないか？」あるいは「これは1つの悩み（心配事）だけど、考えるべきことはほかにもある」というように"思考の枠"を広げるようにすると、その悩みや心配事の感じ方は変わってくるように思うのです。

　ここで大切なことは、「円の大きさ（＝思考の枠）を決めるのはほかの人ではなく、自分自身」という点です。

Q 34 2児（小学校1年の長男、幼稚園年少クラスの長女）の母親です。子育てに関することで**夫と意見が合わない**ことがよくあります。子育て以外のことでは気が合うほうだと思うのですが、子どものことについてはお互いに譲ることができず、つい口論になってしまいます。どうしたものでしょう。

A 34 夫婦間で子育てに関する意見が対立することはよくあるようです。以前、NHKの「あさイチ」という番組で母親を対象にした「しつけのお悩み」と題するアンケートの結果が発表されていましたが、「夫との方針が合わない」がお悩みの第2位になっていました。

　でも、考えてみれば不思議なことです。どちらも同じお子さんの親で、どちらも同じように「子どもにとっていいこと」「子どものためになること」を本気で考えているのに、なぜ意見が対立するのでしょう。

　夫婦といえども別々な環境で育った男女ですから、価値観や物事に対する判断基準が違っているのは当然です。しかも、どちらも「我が子のため」と強く思っているので、自分の主張を曲げられなくなるのだと思います。

　何度も言うようですが、子育てや保育には"正解"がありません。別な言い方をすれば、「なにが子どものためになるのか」については様々な考え方があり、どれが正しくて、どれが間違っているかなんて誰にもわかりません。そもそも、なにをもって"正しい"とするかについても明確な答えはないのです。

　夫婦がお互いに自分の意見に固執した末、口論になって仲たがいするのは「子どものため」にはならないと思います。妻も夫も「この人の意見は自分の考えとは違うけれど、子育てには"正解"はないのだから、もしかしたら相手が言っていることのほうが、子どもにとって"いいこと"なのかもしれない」と思っていれば、それほどぶつかることはないのではないでしょうか。

　ひとつ言えることは、お子さんの前でご夫婦が子育てに関して口論するのはやめたほうがいいと思います。子育てに関して親が異なる意見をもっていると感じると、お子さんは混乱しますし、「自分のことでママとパパは喧嘩している。ママとパパが喧嘩しているのは自分のせいなんだ」といった気持ちになるかもしれません。子育てに関して話し合うのは、お子さんのいないところでのほうがよろしいかと思います。

Q35 カッとしやすい性質（たち）なのかもしれませんが、子どもがなにか良くないことをすると、腹が立ってつい声を荒げて怒鳴ってしまいます。改めたいとは思うのですが、いつもそうなってしまいます。改善策はないものでしょうか。

A35 「腹が立ってつい声を荒げて怒鳴ってしまう」ということですが、「怒り」を感じたときに必ずしも「怒鳴る」必要はありません。「怒り」と「怒鳴ること」をいったん切り離して考えてみてください。

　子育ての場面に限らず、ムッとしたりカッとしたりすることは日常誰にでもあることです。しかし、「怒り」を感じたとき、なにも考えずに感情にまかせて怒鳴ったりすると、相手を傷つけたり、相手の反感を買ったりすることになり、相手との関係を悪化させてしまいます。また、後になって自分自身が不愉快になることも多いものです。つまり、「怒り」を感じたときに「怒鳴る」という“手段”にでるのは、どう考えても得策とは言えないのです。

　「怒り」を感じたら、まず一息入れてください。つまり、“時間をおく”ということです。ほとんどの場合、「怒り」を感じた直後が最も冷静さを失っているときですので、そのときの言動は相手に対しても自分に対しても良い効果は期待できません。「怒り」は徐々におさまることが多いので、「怒り」を感じたらとにかく時間をおいて、相手に対してなにも働きかけないことが大切です。時間のおき方はいろいろあります。「深呼吸を3回する」「指を折って頭の中で1から10までゆっくり数える」「空（上）を見上げて、昨日の朝、食べたものを思い出す」など、たとえ一瞬でも「怒り」を忘れられるようなことならばなんでもいいと思います。

　そして、時間をおいた後に、「相手（子ども）のどのような行動に自分は腹を立てているのだろうか？」「どのように言ったら、相手（子ども）を不愉快にさせないで、自分が感じている怒りを伝えることができるだろうか？」「どのような対応をすれば、相手（子ども）の行動がより望ましい方向に変わるだろうか？」といったことをできるだけ冷静に考えるようにしてください。最初は難しいと思いますが、普段からこころがけていると、「怒り」を感じたときにすぐに「怒鳴る」という行動は減るのではないかと思われます。

Q36 現在、第2子を妊娠しています。**子どもの聴覚**についてお尋ねします。子どもはいつ頃から耳が聞こえるようになるのでしょうか。

A36 乳児の聴覚について調べた心理学の研究はたくさんあります。ここでは、2つの研究を紹介します。

【生後まもなくの赤ちゃんの聴覚】

　生後数時間の赤ちゃんを対象に、"ピー"という音がなったときに赤ちゃんが右を向くと口の中に甘い水を与え、"ブー"という音がなったときに左を向くと甘い水を与えるという実験をしました。赤ちゃんは最初のうちは間違えることも多いのですが、音の種類と甘い水の関係を学習すると、間違えることなく正しい方向に顔を向けるようになります。音の種類と甘い水の関係を逆にして、"ピー"で左、"ブー"で右を向いたときに甘い水を与えるようにしても、赤ちゃんはすぐにこの関係をマスターしました。この実験から、生後数時間の赤ちゃんでも、ちゃんと音が聞こえているだけでなく、音を手がかりに学習する能力がすでに備わっていることがわかります。

【お母さんの声が好きな赤ちゃん】

　生後3日以内の赤ちゃんに実験用の特殊なおしゃぶりをくわえさせます。このおしゃぶりは2つのテープレコーダーに接続されていて、おしゃぶりを速いスピードで吸うとAのテープレコーダーが作動し、おしゃぶりをゆっくり吸うとBのテープレコーダーが作動するようにしておきます。そして、Aのテープレコーダーにはその子の母親の声、Bのテープレコーダーには他の女性の声を吹き込んでおきます。すると、赤ちゃんは、おしゃぶりを速いスピードで吸うようになります。接続を逆にして、ゆっくり吸ったら母親の声、速く吸ったら他の女性の声が聞こえるようにすると、今度はゆっくりおしゃぶりを吸うようになります。要するに、赤ちゃんは母親の声が聞こえるようなおしゃぶりの吸い方を見つけて、母親の声を好んで聞こうとするのです。赤ちゃんは産まれてからすぐに母親の声を覚えて、他の女性の声と聞き分けているわけではないと思われます。おそらく、お母さんのおなかの中で長い間、母親の声を聞いていたから、こうしたことができるのだと考えられています。

★上記の文章を書くにあたり、以下の文献を参考にしました。

○ Nolen-Hoeksema, S., Fredrickson, B. L., Loftus, G. R., & Lutz, C. (2014). Atkinson & Hilgard's Introduction to Psychology (16th ed.). Cengage Learning.

Q37 3歳6か月女児の母親です。
娘もだんだんことばを覚えてきて、コミュニケーションがとれるようになり、うれしく思っています。
子どもと会話をする上で大切なことはなんですか？　どのような点に注意すればよいでしょうか？

A37 いろいろな考え方があると思いますが、私は「子どもの話をよく聴くこと」がとても大切だと思います。子どもとのコミュニケーションに限ったことではありませんが、相手がこちらに伝えようとしていることを間違ってとらえてしまうと、相手のことを誤解したり、その誤解がもとで相手との関係を損ねてしまったりすることもあります。そうしたことを避けるためには、相手の話にじっくり耳を傾けて、相手がなにを伝えようとしているのか、できるだけ正確に知ろうとすることが必要です。

　相手の話をじっくり"聴く"ための第一歩は、自分から話をしないこと、つまり、自分の意見をできるだけ言わないことです。簡単なことのようですが、実は多くの人が苦手としています。多くの人は自分から"話す"のは好きなのですが、相手の話を黙って"聴く"のはあまり好きでも得意でもないような気がします。

　子どもとの会話の中でも、多くの大人が自分の意見を言いがちですが、とりあえずお子さんの話を"聴く"ことをこころがけてください。自分が子どもに対して言いたいこと（たとえば、子どもに対する意見・要望・指示・注意等）はできるだけ我慢して、まずお子さんのことばにじっくり耳を傾けるようにしてください。

　話を"聴く"ときには、ただ黙っているのではなく、子どもが話をしやすいような聴き方をすることも大事です。適切なタイミングでうなずいたり、あいづちをうったり、微笑んだりして、子どもが気持ちよく話ができるような態度をとることも忘れないでください。話の途中でさえぎって、こちらが言いたいことを話し始めたり、かたちだけは話を聴いているフリをしながらまったく別なことを考えていたり、頭の中で子どもの話に反論したりすることはやめて、とにかく一生懸命"聴く"ことに注意を集中してください。

　お子さんの話を上手に"聴く"ことができるかどうかが、お子さんとの良好なコミュニケーションを築く上で重要なカギになると思います。

育児書に、「"叱る"のはいいが、"怒る"のはいけない」と書いてありました。
"怒る"と"叱る"の違いはなんですか？

 確かに子育て関係の本には"怒る"と"叱る"の違いについて書かれていることが多いようです。たとえば、こんな感じです。

○"怒る"は相手に対して感情的に注意すること。"叱る"は感情的にならずに冷静に注意すること。
○子どもに対しては、"怒る"のではなく"叱る"ようにしましょう。
○"怒る"は自分のため、"叱る"は相手のため。

　「ふーん」とは思いますが、正直、私はなんかしっくりきません。私は、たとえ自分の親であっても、ほかの人から叱られたり怒られたりするのは嫌です。自分が嫌なので、「おそらく子どもも親から叱られたり怒られたりするのは嫌だろうな」と考えます。ですから、育児書にはそのように書かれていますが、子育て場面では、できるだけ"叱る"も"怒る"もしないほうがいいと思っています。子どもの行動をより望ましい方向に変える際には、"叱る"や"怒る"以外の、もっと嫌悪的ではない方法を使うのがいいと思います。
　実際、我が子を育てるときにも、私はできるだけ子どもを叱ったり怒ったりしないようにしてきました。今年26歳になる娘が先日、こんなことを言ってました。
　「これまでオヤジ（娘は私のことをこう呼びます）から怒られたことは1度しかない。小学校4年生のときに、オヤジが口開けて昼寝してたので、シゲキックスをオヤジの口に入れたらオヤジは飛び起きて真っ赤になって怒った。怒られたのはそれ1回だけ」
　いくらなんでも娘を1度しか怒っていないなんて、自分でも信じられなかったので、娘に「ええ？　そうかな？　君を怒ったのは1度だけじゃないと思うけどな」と答えたところ、娘はこう言いました。
　「オヤジはそう思うかもしれないけど、私は怒られたとは思ってない。シゲキックス事件（？）以外はオヤジに怒られたんじゃなくて、オヤジと私の"対等な喧嘩"だと思ってる」
　私が自分の子どもをあまり怒らなかったということはわかっていただけると思います。それと同時に、こういう育て方をすると父親の威厳がなくなるということもわかっていただけたかと思います (^_-)-☆。

Q 39 幼稚園の年中クラスに通う園児の祖母です。
現在、私の娘（＝園児の母）が下の子を妊娠中なのですが、以前どこかで「妊婦は**お葬式に出席**してはいけない」ということを聞いたことがあります。
これにはなにか根拠があるのでしょうか。

A 39 我が国には妊婦やおなかの赤ちゃんに関する言い伝えや迷信がいろいろあります。お問い合わせの「妊婦はお葬式に出席してはいけない」のほかにも、「妊婦がトイレをよく掃除しているときれいな子どもが生まれる」「妊婦が火事を見るとアザのある子どもが生まれる」等々があります。なぜそうしたことが言われるようになったのかについては、はっきりとした定説があるわけではありませんが、おそらくその背景には妊婦に対するある種の配慮や気遣いがあったのだと思います。たとえば、「妊婦がトイレをよく掃除しているときれいな子どもが生まれる」というのは、「妊娠中も適度にからだを動かして働くことが体力の維持につながり、お産も楽になる」ことを暗に諭し、「妊婦が火事を見るとアザのある子どもが生まれる」という言い伝えには、「妊婦は危険な場所には近づかないほうが良い」といった "裏の意味" があったのではないかと考えられます。

お問い合わせの「妊婦はお葬式に出席してはいけない」というのも、「妊婦が葬式に出席してあれこれ働かされたり、長時間正座させられたりすることを避ける」という意味があったのではないかと思われます。特に昔は、妊婦といえどもお嫁さんは様々な家事をこなさなければならなかったですし、暑かったり寒かったりするお寺の座敷で着物（喪服）を着た状態で長い時間正座するのは、おなかの大きい妊婦にはかなりきつかったに違いありません。言い伝えには、「たとえ葬式に参列できずに義理を欠くことになったとしても、お産をひかえた妊婦には無理をさせないほうが良い」といった妊婦をいたわる配慮があったのかもしれません。

また、どうしてもお葬式に出席しなければならないときには、「懐に鏡を入れておくと良い」ということも言われていました。「鏡が悪いことを反射してはね返す」ということのようです。言い伝えは気になるけれど、義理も欠きたくないという人のために、一種の "逃げ道" も用意されていたのですね。

Q40 うちの子、ちょっと変かもしれません。**自分が生まれたときのこと**を覚えていると言うのです。
「あったかいお風呂に入っていたら、お風呂のお湯が急になくなって、お湯と一緒に狭いトンネルを通って出てきたらママがいたんだよ」といった内容のことをときどき言います。
もしかしたら、うちの子、天才かもしれません。

A40 三島由紀夫の『仮面の告白』という小説の中には、主人公が自分の生まれたときのことを覚えていて、生まれたての自分が産湯をつかった盥について語る場面がでてきます。また、チェンバレンという人の『誕生を記憶する子どもたち』という本(※5)の中にも、自分が生まれたときの様子を鮮明に覚えていて、親や周囲の人たちに話す子どもの例がたくさんでてきます。

　自分の個人的な体験に関する記憶のことを心理学では「エピソード記憶」といいます。大学生を対象に「最も古い"エピソード記憶"はなにか」を尋ねた研究があります。その研究では、多くの学生が3歳か4歳頃の体験を挙げ、それ以前のことは思い出すことができませんでした。なかには「自分が赤ちゃんだった頃のことを覚えている」と主張する学生もいましたが、そうした学生の報告をそのまま信用することはできません。というのも、思い出した記憶内容が本当にその人が経験したことなのか、それとも後になって親などから与えられた情報をもとに、あたかも実際に自分が経験したような気になっているだけなのかを区別する必要があるからです。そのような点を考慮し、報告された記憶内容を厳密な手続きで調べてみると、乳児期の体験を覚えている人はほとんどいませんでした。

　幼児に「ワタシ、生まれたときのこと覚えてるよ」などと言われることがあるかもしれませんが、おそらく自分が本当に経験したことを覚えているというより、自分が生まれたときのことを親や周囲の大人から聞いたり、写真やビデオを見せられたりして、後から作り上げられた記憶であることが多いと思われます。しかし、こうした記憶の特徴はなにも子どもに限ったことではありません。自分の過去の経験をそのままのかたちで覚えているのではなく、それを経験したときの印象やその後の様々な情報によって記憶内容が"脚色"されるのは大人も同じです。むしろ、子どもよりも大人のほうがそうした傾向は強いかも？

※5　チェンバレン、D.（片山陽子訳）『誕生を記憶する子どもたち』（春秋社）

Q41 私の家族（夫、妻＝私、中学２年生の長男、小学５年生の長女、幼稚園年長組の次男）のことでご相談があります。うちの家族は、決して家族仲が悪いわけではないと思うのですが、よく**言い争い**をします。そのときには結構きついことばも飛びかいます。こうした家庭環境は、幼稚園に通う次男に悪い影響が出るのではないかと少し心配しています。

A41 確かに家族の中の年長者がよく言い争いをするというのは、子どもにとって望ましい環境とは言えないと思います。言い争いの多い家庭の中で生活することは、子どもにある種の緊張を強いることになりますし、子どもには強いストレスになると思われます。できればご家族が円満に過ごしたほうが、お子さんも情緒的に安定しやすいと考えられます。

ご紹介したい寓話（ぐうわ）(※6)があります。「ヤマアラシ(※7)のジレンマ」という話です。

『むかしむかし、あるところにヤマアラシの夫婦が住んでいました。ある冬の寒い夜、２匹はお互いに身を寄せ合い、温め合おうとしました。ところが、近づきすぎて相手の針が自分に刺さり、自分の針が相手に刺さってしまいました。痛いので２匹は飛びのき、離れます。でも、離れていると寒いので、また徐々に近づきました。しかし、今度も近づきすぎてお互いの針で相手を傷つけてしまいます。こうしたことを何十回もくり返した末、ついに夫婦はお互いを傷つけず、しかもある程度の温かさを感じることができるちょうど良い距離を見つけましたとさ。めでたし、めでたし』

この話のポイントは、「親しいものどうしでも、ある程度の距離をおくことが大事」というところです。「親しき仲にも礼儀あり」ということわざにも通じると思いますが、むしろ家族や親しい関係だからこそ、心理的な距離を保つことが必要なのかもしれません。ところが、現実的にはそうではないことが多いようです。「家族だから許されるだろう」「夫婦なのだから多少きついことを言っても大丈夫」「親子なんだから（少しくらい傷ついたとしても）本当のことを言ってあげたほうが本人のためになる」というスタンスになりがちです。その結果、ズケズケ物を言ったり、不要な言い争いになったりします。家族全員がヤマアラシの夫婦の話を思い出して、それぞれがご自分の言動に注意すれば、自分の針で相手を傷つけたり、相手の針で自分が傷ついたりすることは少なくなると思います。

※6　寓話：教訓や風刺を目的とした短い物語。『イソップ物語』などに代表されるように、動物などが擬人化されて登場することが多い。
※7　ヤマアラシ：体の背面と側面に針のようなトゲをもつ動物。

Q42 年長組に通う次女が、ときどきこんなことを言います。

「パパも忙しいし、ママも忙しいし、お兄ちゃんもお姉ちゃんも、ちっともアタシと遊んでくれない。アタシはこの家の中でひとりぼっちだ」。

なんだか**疎外感**を感じているみたいです。どうすればいいでしょう。

A42 子どもに限らず、疎外感を感じる人は多いようです。「他人から無視されることが多い」「自分には存在感がない」「職場や家庭で自分の居場所がない」「自分は周囲の人たちから嫌われているような気がする」「自分は孤独だ」等々です。

　インターネットで検索すると、疎外感を感じたときの対処法がいろいろでてきます。以下のようなものです。

・熱中できること、ひとりでも楽しめるようなことを見つける。

・自分の周囲の人たちすべてと「仲良くしよう」「うまくやっていかなければならない」などといった思い込みは捨てる（すべての人たちと仲良くしたり、うまくやっていくことなどできるわけありません）。

・他人の目を過度に気にしないようにする。

　要するに大人の場合、自分の行動・習慣や気持ちのもち方を変えることで疎外感を解消するといった対処法が多いようですが、そうした対処法をそのまま子どもにあてはめるのは難しいかもしれません。子どもが疎外感を感じているような場合、やはり家族が意識的に子どもと関わるようにすることが基本ではないかと思います。その際、大切なのは、子どもの言うことにじっくり耳を傾け、子どもが伝えようとしていることをできるだけ正確にわかろうとする姿勢だと思います。子どもの話を聴くときに注意すべき点については、「おさなご」の以前の号にも書きましたので、参考になさってください（2014年1月号＝本書P.11、2015年1月号＝本書P.23、2016年3月号＝本書P.37参照）。

　以下、私自身が家族の中で疎外感を感じた例です。ずいぶん前のことですが、息子が通う幼稚園でアタマジラミ^{（※8）}が流行しました。園児がもらってくれば、その家族にも感染することが多いのですが、我が家では、私以外の家族3人（妻、娘＝園児の妹）はアタマジラミをもらったのに、私の頭だけにはアタマジラミは寄生しませんでした。おそらく、私の頭髪の"密度"が幸い（？）したのだと思います。でも、このときは家族の中で疎外感を感じました(^_-)-☆。

※8　アタマジラミ：人間の頭髪に寄生して頭皮の血液を吸う寄生虫。血を吸われると強いかゆみを感じる。

幼稚園年中クラスに通う男児の母です。

自分ではよくわからないのですが、夫からよく「息子に対して"過干渉"で"過保護"」と言われます。息子の言動に対し余計な口出しをし、面倒を見過ぎるのだそうです。

過干渉・過保護な親は子どもに悪い影響を与えるのでしょうか。

どの程度の関わり方を"過干渉"とか"過保護"というのかは難しいところですが、ネットや文献等で調べてみると、過干渉・過保護な親に育てられた子どもの特徴として、以下のような点が挙げられています。

○親の顔色をうかがい、親の意向に沿って行動するようになり、自主性が育たない。

○自分がいつも否定されていると感じるようになることもある。

○他者（親）の目、他者（親）の存在を過度に気にするようになる。

○子ども自身が他者を見る際にも、批判的・否定的になりがち。

　このように、親の過干渉や過保護は子どもにあまり良い影響は与えないと考える人が多いようです。

　ちょっと関係ないと思われるかもしれませんが、私の妻が昨年から"湯シャン"を始めました。湯シャンというのは、シャンプー、リンス、コンディショナーなどは使わないで、お湯だけで髪の毛を洗う方法です。この方法を続けていると、頭皮の皮脂バランスが良くなり、抜け毛や薄毛の予防になるようです[※9]。湯シャンを始めたものの、それまでの長い歴史がありますから、始めた当初、妻は「シャンプーやリンスを使わなくても本当に大丈夫だろうか？」と心配になったみたいです。ときどき私の鼻先に自分の頭を近づけて「臭い？」とか「ニオウ？」と聞いてきました。そのたびに私は恐る恐るにおいをかぐのですが、幸いなことに臭かったことは一度もありません。

　なにが言いたいのかというと、それまでの習慣で「やるのが当たり前」とか「やる必要がある」と思っていたことでも、もしかしたら、本当はそれほど必要のないこともあるのかもしれない、ということです。程度の問題だとは思いますが、子どもに対して親があれこれ口を出したり、世話を焼いたりすることも、本当は親自身が思っているほど必要ないのかもしれません。

　「親」という漢字は、「木」の上に「立」って「見」ると書きます。「あまり余計なことを言わずに、あれこれ干渉せずに、少し離れたところから子どもの様子をじっと見守る」というのが「親」なのかもしれません。

※9　有名人では、福山雅治、タモリ、ミランダ・カーといった人たちがこの"湯シャン"を実践しているそうです。

Q44 幼稚園児の娘が1人いる父親です。もうすぐ2人目の子どもも産まれる予定です。お恥ずかしい話ですが、正直、子どもとどのように接すれば良いのかよくわかりません。なにか参考になる本等があれば教えてもらえないでしょうか。

A44 こうしたお悩みをもつ男性は多いようです。最近では"イクメン"ということばが一般的になり、子育てに積極的な男性も増えてきました。しかし、実際に自分が父親になるまで子どもと触れあう機会がなく、子どもや子育てに関する知識がないまま、なんとなく（？）父親になってしまい、我が子とどのように接して良いのかよくわからないというお悩みをもつ新米パパもたくさんいるのかもしれません。

でもご安心ください。そうした新米パパたちのために、多くの自治体が"お父さんのための子育てマニュアル"的なものを用意してくれています。「母子手帳」ならぬ「父子手帳」です。

長野県でもこうした取り組みが行われています。ここでは、長野市の「ながの育男（イクメン）手帳」と松本市の「パパノート」を紹介します。どちらもホームページからダウンロードすることができますので、すぐに利用することができます。

【ながの育男（イクメン）手帳】（長野市こども未来部子育て支援課発行）

平成24年3月に長野県が作成した内容に長野市が一部修正を加えて、平成28年12月に発行したものです。「早わかり！　育児ステップ　パパだからできる10のこと」から始まり、妊娠から出産までの赤ちゃんとママの状態、パパが注意するべき点や準備するべき点などについて書かれ、出産後は6歳までの子どもの成長の様子、子どもとの関わり方・遊び方、緊急時の対応法等について様々な具体例をまじえて解説されています。

【パパノート】（松本市こども部こども育成課発行）

こちらは平成28年3月に発行され、5月から松本市公式ホームページからダウンロードできるようになっています。最初に「親になるための心構え：5つのポイント」が示され、続いて「妊娠～出産」「出産～1歳」「1歳～6歳」と子どもの成長段階に応じた注意点、子育てのポイントなどがとてもわかりやすく説明されています。最後の章に「子育てお役立ち情報　松本版」がまとめられており、より地域密着型の内容になっています。

Q45 うちの子、ほんとバカなんです。動作がのろいですし、なにをやっても**ほかの子よりも劣っている**ような気がします。ほんと、どうしようもないんです。なんとかならないでしょうか。

A45 有名な心理学の実験^(※10)を紹介します。

1964年、アメリカのサンフランシスコで幼稚園の年長組から小学校5年生までの子どもを対象に「ハーバード式学習能力予測テスト」というテストが実施されました。このテストは「将来の子どもの知的能力を予測できるテストで、このテストで得点が高かった子どもは、近い将来知的能力が急速に伸びる子どもである」と担任の教師に告げられました。しかし、実際に行われたのは単なる知能テストで、子どもの将来の知的能力を予測できるようなものではありませんでした。新学期が始まるとき、新しい担任の先生に実験群の子どもの名簿（テストの得点に関係なく、クラスの20%の子どもを無作為に選んだリスト）を渡し、「この子たちは、先に実施したテストで高得点をあげた子どもたちです。つまり、知的能力がグンと伸びると予想される子どもたちなのです」と伝えました。新学期が始まってから8か月後に、再度同じ知能テストを実施しました。その結果、担任の先生に"伸びる"と伝えられた子どもたちは、そうでない子どもたち（="伸びる"と言われていない子どもたち）に比べて、本当にテストの点数が上がったのです。こうした傾向は、年齢が低い子どもほど顕著に見られました。要するに、「この子は伸びる」と教師が期待した子どもはそうでない子どもに比べて、実際に成績が伸びたのです。これは、子どもに対する期待が教師の様々な行動（=接し方）となって現れ、それらが子どもに伝わり、子どもが伸びる方向に作用したためだと考えられています。

　親もこの研究の教師と同じだと思います。子どものことを「バカ」「のろい」「劣っている」「どうしようもない」などとは考えず、我が子のことを認めて、信頼して、大いに期待して「この子はきっと伸びる」と信じて接しているほうが、いろいろな意味で子どもにとっても親自身にとってもいいように思います。だいたい、親が我が子に期待しないで、誰が期待するんですか(-_-;)。

※10　Rosenthal, R. & Jacobson, L. (1968). Teacher Expectations for the Disadvantaged. *Scientific American*, **218**, 19-23.

幼稚園の年中クラスに通う長男についてご相談があります。長男は赤ちゃんのときに使っていたハンドタオルが大好きで、**肌身離さず身につけて**います。さすがに幼稚園に行くときには、「お友達に笑われちゃうから」と言って持っていくことはありませんが、家に帰ってくるとすぐにタオルを手にし、お出かけをするときにも必ずタオルを持っていきます。特に、**夜はこれがないとおとなしく寝てくれません**。ちょっと心配になります。大丈夫でしょうか。

小さい頃から使っているものに愛着を示すお子さんは多いようです。特に、乳児期に使っていたものの中で、触れたときにやわらかく肌触りがよいものに対して、幼児期になってからも執着する例はよく聞きます。ご相談者のお宅ではハンドタオルですが、このほかにタオルケット、バスタオル、ハンカチ、ぬいぐるみ、毛布、枕、枕カバー、シーツ、母親のTシャツなどに執着する例もあるそうです。スヌーピーで有名な「ピーナッツ」という漫画にライナスという男の子が登場します。彼はいつも青い毛布を引きずって歩いていますが、そこから乳幼児が特別に執着するものや乳幼児が毛布等に執着する状態は「ライナスの毛布」と呼ばれています。こうした傾向は、多くの子どもで見られますし、ある程度の年齢になるとそうしたものへの執着はなくなりますので、心配する必要はないと思われます。

　子どもがタオルや毛布などを欲しがるのは、①眠いとき、②不安なとき、③疲れたとき、④甘えたいとき、⑤寝起き、⑥なにか我慢しなければならないとき、⑦機嫌が悪いとき、などが多いようです。そうしたときに、対象に触れたり口にくわえたり、あるいは匂いを嗅いだりすることである種の安心感を得ているのだと考えられています。

　子どもがよれよれになったタオルなどをいつも持ち歩くので、衛生面でご心配になられるお母さん方も多いかもしれません。そして、お子さんが眠っている間にタオルをとりあげて、急いで洗濯機で洗い、乾燥機にかけるといったこともあるみたいですが、タオルなどの匂いも愛着の対象になっていると、洗濯したことを怒るお子さんもいます。こうした場合、「タオルもあまり汚れると可哀想だから洗ってあげようね」「時々洗ってあげないとタオルも○×ちゃんも病気になっちゃうよ」など、子どもが納得できるような説明をするのがよろしいかと思います。

Q47 今年5歳になる息子に「大きくなったら**ママと結婚**する！」と言われました。

A47 よく聞く話ですね。そういえば、私のウチでも息子が5歳か6歳の頃まで「○○クン、大きくなったら誰と結婚したい？」と聞くと、「パパ！」と答えていました。幼児はまだ結婚をただ漠然と「大好きな人と一緒にいるためにするもの」と考えているのだと思います。それはそれで間違いではないのかもしれませんが、子どもの場合、結婚相手の対象が大人とはだいぶ違っています。

あるご家庭での話です。娘のことが大好きな父親を見て、奥さんは、娘が「大きくなったらパパと結婚する」と言ったら、たぶん夫は大喜びするだろうなと思い、娘にこう尋ねました。「ねえねえ、○○ちゃん、大きくなったら誰と結婚したい？」

少し離れたところにいた父親も娘の反応が気になるようで、明らかに聞き耳を立てていました。しかし、母親の質問に対し当時4歳だった娘さんは「パパ」とは答えず、元気よく「ライオンさん！」と答えました。

その子はパパも好きなのですが、動物園にいる動物、特に強くてカッコいいライオンが大好きだったのです。

ライオンに負けてしまった……。がっかりした父親ですが、悔しさも手伝って、娘がライオンとの結婚をあきらめるよう説得しようと考えました。そして、こう言いました。「いいかい○○ちゃん、君がライオンさんと結婚するためには、まずライオンさんがパパとママのところに来て、"お嬢さんをください"ってお願いしなければならないんだよ。でも、ライオンさんは、"お嬢さんをお嫁さんにください"という意味じゃなくて、"お嬢さんを食べさせてください"という意味でお願いするだろうね。そんな怖い動物とは結婚しないほうがいいんじゃない？　パパは○○ちゃんがライオンさんに食べられちゃうの嫌だな」

話は変わりますが、結婚に関して前から疑問に思っていることがあります。よく「結婚する人どうしは目に見えない赤い糸で小指と小指が結ばれている」と言いますが、目に見えないのに、なんで糸の色が赤いってわかったんだろ??　答えをご存じの方は教えてください。

（注）この文章を書くにあたり、育児・子育て関連の情報サイト「子ある日和」の体験談を参考にさせていただきました。

Q48 どうしても自分の子どもをほかのお子さんと比べていろいろ心配になってしまいます。

 A48 以前の号（2014年3月号 vol.279，本書 P.12参照）にも書きましたが、私たちは"比べること"が好きです。つまり、多くの人が物事を相対的に評価・判断しがちです。しかし、比べることでそのものの本当の姿が歪んで見え、そのものの姿を正しくとらえられなくなることがあります。子どもの成長や発達に関しても、どういう子と比べるかによってその子の成長や発達が早くも遅くも感じられます。ほかの子やきょうだいと比べて「この子遅れてるんじゃないかしら？」とか「あの子より少し早いみたい。ちょっと安心した」などと一喜一憂するのは、あまり意味のないことだと思われます。

　子育てや保育場面でありがちな相対的な評価・判断の例を挙げます。
〈家庭での例〉
「お姉ちゃんに比べて、あんたはダメねぇ。同じ親から産まれたきょうだいなのに」
「うちの子は、スイミングもピアノもお隣のダイスケ君にはかなわないな」
「（息子に対して）パパが小さかった頃は、お前よりもいろいろなことができたぞ」
〈幼稚園や保育所での例〉
「リョウ君、こっち見て。ほかのみんなはちゃんと先生のほう見てるよ」
「マイちゃんやミワちゃんに負けないように、ユミちゃんもがんばろうね」
「きょうのお着替え、一番遅い人は誰かな？」

　誰かほかの人と比べられて、「あの人よりもできない」とか「この人より劣っている」と言われるのは大人でも嫌です。子どもだって、ほかの子どもや大人が子どもだった頃と比べられるのはおもしろくないはずです。ですから、相対的な評価や判断は極力避けたほうが良いと思います。

　以下も相対的な判断の例です。私事で恐縮ですが、半年前に私の母が90歳で他界しました。日本人の女性の平均寿命（平成27年は87.05歳）を考えると、天寿をまっとうしたと言っても良いと思います。しかし、今年92歳になる義母が私の母の死を知ったときにこう言ったそうです。
「あらまあ。そーお、勉さんのお母さん90歳だったのぉ。お気の毒ねぇ、まだお若いのにねぇ」
　まあ、92歳から見れば90歳は確かに「まだ若い」ということになるのですが……(^_-)。

良い母親になりたいと思っているのですが、自分はぜんぜん良い母親ではありません。

 社会心理学の有名な実験をご紹介します。この実験を題材にした「エクスペリメント」という映画がありましたので、ご存じの方もいるかもしれません。

【ジンバルドーの監獄実験】
アメリカのスタンフォード大学のジンバルドーは、大学内にホンモノそっくりの刑務所を作り、大がかりな"リアル刑務所実験"を行った。看守役と囚人役の被験者は新聞広告で募集し、応募してきた男子学生の中から看守役11名と囚人役10名が無作為に割り当てられた。看守役の被験者には制服とミラーサングラスを着けさせ、本当の看守のように警棒や手錠も渡された。一方の囚人役の被験者には、囚人服を着せ、実験中は氏名ではなく番号で呼ばれるようにした。こうした実験的"刑務所ごっこ"をやったところ、徐々に看守は看守らしく、囚人は囚人らしくなっていった。つまり、看守も囚人も必要以上にその役になりきり、看守役の被験者は権威的、支配的、残虐、横暴になり、囚人役の被験者は受動的、卑屈、無気力、服従的になってしまった。看守役の横暴さがエスカレートし、囚人役の被験者の精神状態も不安定になったため、２週間を予定していた実験は開始後６日目で打ち切られることになった。

　子育て中のお母さんやお父さんは、無意識のうちに「母親」と「父親」という役割を演じようとしているのかもしれません。そして、「良い母親であらねば」とか「立派な父親にならなければ」という気持ちが強いと、ジンバルドーの実験のように、知らず知らずのうちに過剰にその役になりきろうとします。また、「良い母親であらねば」、「立派な父親にならなければ」と強く思っていると、「そうではない自分」、「そうなれない自分」を意識することになり、自己嫌悪に陥ったり、いやーな気持ちになったりしてしまいます。
　「母親」とか「父親」という役割を忘れて、「良い母親であらねば」「立派な父親にならなければ」などとはあまり考えずに、ひとりの人間として我が子と対等に向き合うようにすれば、少し気が楽になると思うのですが、いかがでしょう。

Q50 2人の子ども（長男5歳、長女3歳）をもつ母親です。
子どもたちは毎日朝から晩まで喧嘩をします。わけがわかりません (^_-)。

A50 きょうだい喧嘩を減らす方法については、以前の号（2013年11月号 vol.277, 本書 P.8参照）に書きましたが、ここではきょうだい喧嘩の理由について考えてみたいと思います。
　　　きょうだいの人数、年齢差、男女構成（上の子が女の子か男の子か、下の子が女の子か男の子か）などによっても事情は違ってきますので一概に言うことは難しいと思いますが、きょうだい喧嘩の大きな理由は「自我のぶつかり合い」だと思います。つまり、きょうだい間でお互いの主張（欲しい物、やりたいこと、やって欲しいことなど）が食い違っているときに、きょうだい喧嘩が起きるケースが多いのではないでしょうか。子どもが成長し、相手の立場に立って物事を考えることができるようになり、自己主張を抑制する力がついてくると、きょうだい喧嘩が回避されることも増えます。しかし、きょうだい喧嘩のやっかいなところは、きょうだいが同じ親から生まれたという点です。
　親から注目されたいという欲求は誰にでもありますが、きょうだいの場合、親の注目が他のきょうだいに向くということは、親の注目が自分に向かなくなる（あるいは、少なくなる）ことにつながり、欲求が満たされなくなる可能性が高まります。すなわち、同じ親からの注目がきょうだいに共通する"ほしい物"であり、それが競合するため、きょうだい間で嫉妬したり、敵対感情が生じやすくなったりするのだと思います。きょうだい喧嘩は子どもたちにとっても不快なはずです。不快なことをしてまでも手に入れたいのが、親からの注目なのです。よく「きょうだいは生まれたときからライバル」と言われますが、もう少し具体的に言うと、「同じ親からの注目という共通の"ほしい物"をもつライバルどうし」ということになります。
　私の2人の子ども（息子と娘）も小さい頃よく喧嘩をしていました。2人が喧嘩した後、下の娘にこんなことを聴いたことがあります。「ねぇねぇ、お兄ちゃんとラーメンのおつゆ、どっちが好き？」。すると、娘はなんのためらいもなく、「ラーメンのおつゆ！」と答えました ^^;。

Q51 息子（5歳）に「**大きくなったらなにになりたい？**」と聞いたら、元気よく「**仮面ライダー!!**」と答えました。
別にいいのですが、なんか (^_-)。

A51 2017年1月7日の読売新聞朝刊に「大人になったらなりたい職業」についてのアンケート調査の結果が出ていました。この調査は第一生命保険が全国の保育園・幼稚園児、小学生8万3,000人を対象にまとめたものです（調査期間は2016年の7月〜9月）。結果は、男の子は7年連続で「サッカー選手」が1位（12.1%）、以下「学者・博士」（2位）、「警察官・刑事」（3位）と続いています。女の子は20年連続で「食べ物屋さん」がトップで（15.5%）、2位が「保育園・幼稚園の先生」、3位が「学校の先生（習い事の先生）」でした。

また、クラレという会社が、2016年4月に小学校に入学する新1年生の保護者4,000人を対象に子どもに就かせたい職業について調査した結果、トップ3は、男の子が「公務員」（18.1%）、「スポーツ選手」（11.8%）、「医師」（7.2%）の順で、女の子が「看護師」（15.0%）、「ケーキ屋・パン屋」（10.9%）、「公務員」（8.6%）でした。

これら2つの調査結果を見る限り、子ども自身が大きくなったらなりたいと思う職業と、親が子どもに就かせたい職業の間にはズレがあるようです。当たり前といえば当たり前かもしれませんが、やはり親は子どもよりもより堅実な（イメージがある）職業、高収入な（こともある）職業に就かせたいと考える傾向が強いようです。

2016年に出版された『大人に刺さる園児の名言』（東邦出版編集部編）という本の中に、「大きくなったらなにになりたい？」「大人になったらなにになりたい？」に関連する子どもの"珍回答"がありました。以下に紹介します。
「早く大きくなりたいな。だって、1万円ためて、おうちを建てるんだもん」
「大きくなったら、おとこのこになるんだ〜」（3歳女児の発言）
（両親のケンカを見てひと言）「はぁー（ため息）。大人になったら僕もこうなるのか……」
「大きくなりたくない！　いまのままがいい。だからママもおばあちゃんにならないで」
「ママは、大きくなったらなにになりたいの？」

Q52 感情をコントロールするのが苦手で、すぐに顔に出てしまいます。

A52 日常生活の中では、怒り、不安、悲しみ、喜びなどの感情をそのまま表に出しても差し支えない場面と、そうではない場面があるように思えます。時にはうれしくても人前ではそう見せないほうがいいこともありますし、本当はそれほど悲しくなくても悲しそうな顔をしなければならないこともあるでしょう。喜怒哀楽をまったく表に出さないと「表情が乏しい」「機械みたいで人間味がない」「何を考えているのかわからない」などといったマイナスの評価につながりかねませんが、感情を素直に出し過ぎると人間関係に悪影響が出ることもあります。特に、怒りや不機嫌な様子を他の人にさらけだすことのメリットはあまりないと思います。要するに、適切な場面で適切な感情表現をするのが人間関係を良好に保つ上で大切なのです。

　精神科医の和田秀樹氏はその著書『図解　感情的にならない気持ちの整理術』(2016、ディスカヴァー・トゥエンティワン) の中で、「感情をコントロールするとは、感情を持たないようにすることではなく、感情を持ったときに問題行動を起こさないように自制すること」としています。そして、感情をコントロールするコツとして、①自分の感情に振り回されないようにする、②自分の感情を冷静に確認する習慣をつける、③自分が置かれている状況にある程度満足する、④周囲の人に合わせ過ぎない、⑤過ぎたことをくよくよ考えない、⑥あまり悲観的にならない、⑦「いつも機嫌よく」をこころがける、⑧「自分だけが正しい」とは思わない、などをあげています。参考になさってください。

　この原稿を書いているとき、駅のホームである母子連れを見かけました。お母さんが2人の兄弟のお兄ちゃんのほうに大声でこう言っていました。「何度言ったらわかるの‼　もうお兄ちゃんなんだから、小さい子（＝下の子）をそんなに怒っちゃダメでしょ！　今度いまみたいに怒ったら、ママほんとに怒りますからね‼」。……お母さん、小さい子（＝兄）を怒っているのはあなたですよー ^^;。

Q53 子どもとたくさん話をしたいと思っているのですが、子どもとの**会話が長続きしません。** どうすればいいでしょう。

A53 子どもとの会話に限らず、会話を長続きさせるためにはいろいろな方法がありますが、質問のしかたを工夫するのもその1つです。質問のしかたには、大きく分けて2つあります。1つは、こちらからの質問に対して「はい」「いいえ」、あるいは限定された答えしか返ってこないような質問のしかたです。こうした質問は"閉ざされた質問"と呼ばれます。「なんか忘れものしてない？」、「きょう幼稚園ではすべり台で遊んだの？」「幼稚園の先生はやさしい？」などが閉ざされた質問の例です。こうした聞き方をされても、答える側は、「してない」「うん」「そうでもない」など、ごく限られた答えしか返すことができません。閉ざされた質問の特徴としては、「会話が続きにくい」、「（質問をする相手に）高圧的、断定的、時には横柄な印象を与えやすい」などがあげられます。

これに対し、相手の答えが限定されないような質問のしかたがあります。こちらは"開かれた質問"と呼ばれています。「きょうはどういったものを持っていくんだっけ？」「幼稚園ではどんなことして遊んでるの？」「○×先生ってどんな先生？　ママに教えてよ」などが開かれた質問の例です。こうした質問は、先ほどの閉ざされた質問よりは、答えの選択肢に幅があり、その後の会話も広がりやすくなります。また、答える側の主体を重んじますので、答える側の気分は悪くなりにくいといったメリットがあります。ただし、時には答える側にとって負担になることがありますので、注意も必要です。

このように質問のしかたを変えるだけでも会話の続きやすさは違ってきます。このほかには、こちら（親）がわかっていること、知っていることでも、あえて質問のかたちで子どもに尋ねてみるのも会話を長続きさせる効果があります。

もう1つ、質問をする際に親が注意しなければならないことがあります。親が子どもに質問をするときには、親が子どもに聴きたいことよりも、子どもが話したいこと、子どもが聴いてほしいと思っていることを聴くようにこころがけてください。

Q54 1児（4歳女児）の母親です。
劣等感が強いほうで、何に対してもあまり自信がもてません。こうした傾向は結婚前からなのですが、娘ができてからは周りのお母さんたちが堂々と自信をもって子育てをしているのを見ると、余計自信がなくなります。

A54 自分以外のお母さんたちが "堂々と自信をもって" 子育てをしているように見えるかもしれませんが、おそらく "堂々と自信をもって" 子育てをしているお母さんなんてほとんどいないと思いますよ。どのお母さんもいろいろ悩んだり、不安になったりしながら日々の子育てに追われているというのが実情ではないでしょうか。

　ここでは、参考になるかもしれない考え方をご紹介します。交流分析 [※11] という心理療法の考え方です。交流分析では、人にはそれぞれ対人関係における基本的な姿勢があり、その姿勢がその人の生活全体に表れると考えます。対人関係における基本的な姿勢は、自分自身と他者（自分以外の人）を肯定的にとらえるか、否定的にとらえるかによって、以下の4つのタイプに分類されます。

①自分はOK、あなたもOK（自分も他者も肯定的にとらえる）。

②自分はOK、あなたはOKではない（自分を肯定的にとらえ、他者を否定的にとらえる）。

③自分はOKではない、あなたはOK（自分を否定的にとらえ、他者を肯定的にとらえる）。

④自分はOKではない、あなたもOKではない（自分も他者も否定的にとらえる）。

　これら4つのタイプのうち、交流分析では、①が理想的であるとされています。つまり、自分に対しても他者に対しても肯定的で、自分も認め、他者も認めるという対人関係の基本的な姿勢です。こうした基本的な姿勢をもっていると、ストレスを感じにくく、相手との関係も良好に保ちやすいと考えられています。

　ご相談者の場合、おそらく普段から③の姿勢で人と接することが多いように思われます。誰でも否定的にとらえられるのはおもしろくないものです。そう考えると、自分自身に対しても他者に対してもできるだけ肯定的にとらえるようにしたほうが、心穏やかに毎日を過ごせると思います。参考になさってください。

※11　交流分析（Transactional Analysis：TA）：精神科医・エリック・バーンによって提唱された心理療法の1つ。

Q55

幼稚園の年長組と年少組に通う2人の男児、そして今年2歳になる女児をもつ母親です。
朝から晩まで子育てに追われ、疲労困憊（ひろうこんぱい）の状態です。夫は仕事で忙しく、ウィークデイは毎晩帰りが遅く、土日も勤務や接待で家にいないことが多いですし、仕事がないときにはほとんど家でゴロゴロしています。
なんとかならないでしょうか。

A55

「ワンオペ育児」ということばをご存じでしょうか。"ワンオペ"というのは、「ワンオペレーション」の略で、飲食店などでひとりの人がすべての業務をこなさなければならないような勤務体制のことをいいます。人手が不足しがちな深夜などの時間帯で従業員を1人しか配置せず、その人にすべての業務を担当させる勤務体系を敷いていた某外食チェーンが以前問題になったことがあります。

　このワンオペレーションを子育て場面にあてはめ、母親が育児に関することをなんでも1人でこなさなければならないような状態、つまり、育児に関する負担が母親だけに偏っている状態のことを「ワンオペ育児」といいます。「イクメン」ということばが一般的になり、育児に協力的な父親も以前よりは増えてきましたが、それでも多くの家庭では、いまだにお母さんの育児負担は相当なものです。

　さて、問題はそうしたワンオペ育児を解消するにはどうすればいいのかということです。私は、お母さんが「なにもかも自分ひとりでやろうとしないこと」が大切だと思います。まじめな人ほど「自分がやらなければ」「自分ががんばらなければ」と考えがちですが、育児も家事も手伝ってもらえるところは他の人に手伝ってもらい、できるだけお母さん自身が"楽"をするように努めてください。

　ご主人に協力を求めるときには、ご主人を責めるような言い方はしないで（＝ご主人が責められているような感じをもたないように）、できるだけ冷静に現状を伝えるようにしてください。また、どうしてもご主人の協力が期待できないような場合は、各自治体にある「子育て支援センター」や「ファミリーサポートセンター（ファミサポ）」などを利用するのもいいでしょう。市町村に直接問い合わせるのもいいですし、ホームページ等に情報がありますので、そちらに相談すれば、きっとご事情に合わせた支援をしてくれるはずです。

　お母さんがある程度余裕をもって育児をするのが、お子さんにとってもお母さんご本人にとってもいいことだと思います。

Q 56 子どもが履く靴やサンダルで、歩くたびに**ピコピコ音**の出るのがありますが、いったいなにがいいのか理解できません。私だけかもしれませんが、耳障りな音ですし、子どもが履いていてもちっとも可愛らしいとは思えないのですが。

A 56 歩く度に音が出る靴やサンダルは、「笛入り靴」「ピコピコサンダル（ピコサン）」「ピヨピヨサンダル（ピヨサン）」などと呼ばれていますが、あの音が気になる人は多いようです。多くの場合、靴底に音が出る装置（笛）がついていて、ピコッ、ピコピコピコ、ピーコ、ピィッなどといった具合に、歩き方によって音が変化します。

　我が子にそうした履き物を履かせる理由としては、①音が歩くことに対するフィードバック刺激となり、子どもが歩く行動を促進する（こともある）、②子どもがどこにいるのか親が把握しやすい、などがあげられているようです。でも、そうしたこと以上に、「我が子がピコピコ音を鳴らせて歩いていることを親が可愛いと思っている」というのが大きな理由であるような気がします。いずれにしても、この音が気になる人もいますので、静寂が求められるような場所や時間帯では保護者の方には十分配慮してもらいたいものです。

　ピコピコサンダルで思い出したのですが、スマホや携帯電話の操作音を切っていない人が時々います。操作音もフィードバック刺激の一種ですが、こちらも結構気になります。操作音を切らない理由としては、①耳が遠くなって、本人は周りの人が感じるほどうるさいと思っていない、②音は気になるのだが、どうやったら操作音を消すことができるのかわからない、などが考えられます。

　先日、電車に乗ったとき、私の隣に座っていたおじいさんがカチカチさせながらガラケーを操作していました。音量も最大になっていたようで、周囲の人たちも「うるさいなぁ」「迷惑だなぁ」といった感じでチラチラおじいさんのことを見ています。私は勇気を出して、おじいさんに声をかけました。

「あのー、操作音がかなり大きいような気がするのですが、操作音が鳴らないようにしてさしあげましょうか？」

　すると、そのおじいさんは、私の顔をまじまじと見てこう言いました。

「え？？　なんですか？」

　……この方の場合、操作音はさほど気になっていなかったみたいです (^_^;)。

Q 57　自制心のある子どもに育ってほしいと思っています。
子どもの自制心に関する研究などありますか？

A 57　アメリカのスタンフォード大学の心理学者が子どもの自制心に関する実験を行っています。被験者は4歳になる幼稚園児たちです。子どもを一人ひとり部屋に入れ、テーブルに向かって椅子に腰掛けさせます。テーブルの上にはお皿が置いてあり、お皿の上にはマシュマロが1個のっています。実験者は子どもにこう言います。「用事があって15分くらいこの部屋から出て行くので、君はここで待っててね。このお皿にマシュマロが1つのってるけど、私が戻ってくるまで君がこのマシュマロを食べるのを我慢できたら、もう1つマシュマロをあげるね。でも私が戻ってくるまでにマシュマロを食べちゃったら、もう1つあげるのはなしだよ」。

　実験者が部屋を出て行ってからの15分間、子どもの様子を隠しカメラで録画しました。実験の結果、3分の2の子どもたちが実験者が戻ってくる前にマシュマロを食べ、残り3分の1の子どもたちが15分間マシュマロを食べるのを我慢して、2つ目のマシュマロをゲットしました。

　マシュマロを食べてしまった子どもたちの中には、実験者が部屋から出て行くとすぐにマシュマロを食べてしまう子もいましたし、食べるのを我慢してマシュマロをじっと見つめたり、においを嗅いだりする子どももいましたが、最終的には実験者が戻る前にマシュマロを口にしてしまいました。それに対し、15分間食べるのを我慢できた3分の1の子どもたちは、なるべくマシュマロを見ないようにして、自分の注意がマシュマロに向かないようにする傾向がみられました。

　実験はこれだけでは終わりませんでした。この実験で被験者となった子どもたちのその後を追跡調査したのです。その結果、マシュマロを食べるのを15分間我慢できた子どもたちは、15分以内にマシュマロを食べてしまった子どもたちよりも学校の成績が良く、周囲から優秀と評価されることが多かったということです。この実験を実施した研究者は、幼児期に目先の欲求を我慢する能力（＝自制心）を身につけさせることは、その子の将来を考える上でも重要であると結論しています。

Q58 ウチの子（年中クラス男児）、幼稚園のお友達と**よく喧嘩**します。
喧嘩の理由を聞くと、どうでもいいようなことばかりです。

A58 確かに子どもはどうでもいいようなことで喧嘩をすることが多いですね。当事者たちに喧嘩の理由を尋ねてみると、笑ってしまうほど他愛のないことが喧嘩の原因になっていることもよくあります。幼児期には自我がめばえ、自分がやりたいこと、言いたいこと、欲しいものがはっきりしてきますが、そうした欲求を抑えることがまだ不得意なので、どうしても他人とぶつかってしまうことも多くなります。自分の欲求だけに固執せず、相手の立場に立って物事を考えたり、社会的な規範にのっとって行動できるようになるのは、一般的に児童期以降であると言われています。

しかし、どうでもいいようなことで喧嘩をするのは、なにも子どもに限ったことではありません。大人どうしでもたいして目くじらを立てる必要がないことで言い合いになったり、後から考えると「なんでそんなことで腹を立てたんだろう？」と自分でも不思議になるくらいのちょっとしたことで他人といがみ合ったりすることはよくあることです。平日の公立図書館で、定年退職を迎えた70歳代の男性2人が「どちらが先に日経新聞を読むか」で口論になり、最後には殴り合って2人とも怪我をしてしまったという話を聞いたことがあります。自分の欲求を抑えるのが不得意なのは子どもばかりではないようです。

とある公園で、男の子2人が言い争いをしてました。

A：「お前のママってさぁ、なんか変な顔」

B：「別に変な顔じゃないよ。お前のママだってブスじゃないか」

A：「ブスじゃないもん、パパはママのこと可愛いって言ってたもん。それよりお前のママって、ちょっとデブだよね」

B：「デブじゃないもん。やせてはないけどデブじゃないもん。それよりお前のママって、なんか意地悪そうだよねー」

A：「そんなことないもん、お前のママこそ……」

こうしたやりとりがあり、つかみ合いの喧嘩に発展しそうになったときに大人の女性が仲裁に入りました。

女性：「あんたたち！、また兄弟喧嘩して!!　もー、なんど言ったらわかるの (-_-;)」

AとB：「あっ、ママっ!?」

Q59 幼稚園に勤める教諭です。短大を卒業して、いまの職場に勤めてから7年目になりますが、**保護者との対応に困ったり憤ったりすることが増えています。**一部の保護者の理不尽なクレーム、無理な要求、無遠慮な発言などが私にとって大きなストレスになっています。このままだと、冷静に楽しみながら子どもと関わることができなくなり、幼稚園に勤務し続けることにも自信がもてなくなりそうです。

A59 私は保育者（幼稚園教諭や保育士）を養成する学科に勤務していますので、ときどき保育の現場で働く卒業生に会うことがあります。そうしたときにもこの手の話題がよくでてきます。保護者から「結婚してないし、子どももいない先生にはわからないでしょうけど……」「先生は子どもの気持ちがわかっていない」「ウチの子にそんなこと言わないで！」「先生はなんで結婚しないの？」「先生、昨日スーパーで日本酒とお刺身買ってたでしょ？」などと言われた云々です。なかには「保護者のひとりが園長先生にクラス担任（自分）を代えてほしいって言ったそうです」と涙ながらに訴えた卒業生もいました。

　さて、大事なのは、どうすればそうした保護者のことばが先生方のストレスにならないようになるか、つまり、保護者から言われたことをどのように受け止めれば良いのかということですが、私は以下のように考えます。

　もし保護者の発言（クレームや要望等）が保育や園児に関わることで、少しでも自分（先生側）に非がある可能性があることであれば、「いまご指摘のあったことについて自分でもよく考え、園長先生や同僚にも相談して今後改善できるよう努力したいと思います」と答えて、それを忠実に実行するようにしてください。それとともに、保護者からなにをどのように言われたのかをできるだけ正確に書き留めておいて、後で園長先生らに示せるようにしておいたほうがいいと思います。その場で言い返したり、弁解じみたことを言ったり、感情（怒り、悲しみ等）をあらわにするのは事態を悪化させることが多いので、避けたほうがいいでしょう。

　そして、保護者から言われたことが保育とは関係ないごく個人的なこと（人格、容貌、私生活など）であったなら、「それはあなたに言われることではない。あなたにはそうしたことを言う権利はないし、私にもあなたのことばに耳を傾ける義務はありません」と心の中で思って、右から左に受け流してください。

Q60 3歳になるウチの子（男児）がいわゆる「なぜなぜ期」に突入したみたいです。
朝起きてから夜寝るまで「なんで？」「どうして？」などの質問をくり返します。
どのように対応すれば良いでしょうか。

A60 子どもは成長の過程で、「なんで？」「どうして？」「なあに？」など質問のかたちで発言することが増える時期があります。こうした時期は一般に「なぜなぜ期」とか「質問期」と呼ばれています。ときには大人が予期しないようなことを聞かれたり、即答しづらい質問をされることもあります。また、子どもが意図していなくても大人が傷つくようなことを尋ねられたりもします。

親としては、「好奇心が旺盛になった」「知識欲がでてきた」とうれしく思い、ちゃんと答えなければとは思うのですが、朝から晩まで質問攻めにあうと、辟易（へきえき）したり面倒になったりするものです。

「どのように対応すれば良いでしょうか」とのお問い合わせですが、やはり基本的にはできるだけ丁寧に対応することが大切だと思います。子どもが理解できるようなわかりやすいことばで説明することはもちろんですが、「とてもいい質問だね」「よく考えたね」「へー、面白いこと思ったんだね」など、質問する行動を強化するような関わりも必要です。すぐに答えられないような質問をされたときには「とても難しい質問だから、少し考えさせて。後で答えるからね」と正直に伝えるのがいいでしょう。また、「どうしてだと思う？」と質問返しをして、子ども自身に考える機会を与えるのもときにはいい方法だと思います。言うまでもありませんが、子どもの質問に対して「そんなことわかるわけないじゃん」「変なこと聞かないで」「うるさいなぁ」といった答え方はNGです。

「保育のお仕事」というサイト（https://hoiku-shigoto.com/）にちょっと笑える子どもの質問とそれに対する保育者の答えが載っていました。以下に紹介します。
例１：「園長先生はなんで顔がくしゃくしゃなの？」
　　　「今までみんなよりもたくさん笑ったからだよー」
例２：「先生のおっぱいはどこにあるの？」
　　　「おうちに置いてきたんだよ」
例３：「結婚は何回もできるの？」
　　　「できるけど…、いっぺんにはできないんだよ」

Q61 もうすぐ初孫が産まれる男性です。
いまから楽しみにしていますが、**おじいちゃんになる上で気をつけなければならないことなど**ありますか？

A61 それはおめでとうございます（＾＾）♪　私と同世代の友人たちの多くもすでにおばあちゃん、おじいちゃんになっています。彼らに「孫ってカワイイ？　子どものときと違う？」と聞くと、決まって相好を崩して「そりゃカワイイわよ」「カワイイに決まってるだろ」と答えます。

　孫育てに積極的な祖父母のことを最近では「イクジイ」「イクバア」といいます。孫育てに熟達（？）したおじいちゃんのことは、ソムリエをもじって「ソフリエ（祖父リエ）」と呼んだりもするそうです。

　しかし、そうした祖父母の孫育てにも様々な問題があります。まず、親世代は祖父母世代に対して次のような不満をもちがちです。

● 孫が欲しいと言えば、すぐにお菓子やおもちゃなどを買い与える
● 自分が使った箸やスプーンなどで孫に食べさせたり、飲ませたりする
● 自分が子育てをしたときのやり方に固執する
● 孫に対して過剰な期待をする

　こうした祖父母の孫育ての背景には、「孫がかわいくてしかたがない」「孫から嫌われたくない」「孫のためになにかやってあげたい」といった思いがあるのでしょうが、それが度を越すと親世代とぶつかってしまいますので、注意が必要です。

　逆に、祖父母世代から親世代に対しては、「頼りない」「親としての自覚がない」「（自分たちが）孫のことを思ってこんなにやっているのに、感謝の気持ちがない」「昔の子育ての方法をバカにする」といった不満をもつこともあります。

　子ども（孫）のことをかわいいと思う気持ちは親も祖父母も一緒です。両世代が協力して子ども（孫）を育てるのが理想的だと思います。そのためには、祖父母世代が一歩引いて、孫やその親と接することが大切のような気がします。求められてもいないのに余計な助言をしたり、良かれと思っていろいろ口出しをすることは控えて、あくまでもサポート役に徹して孫を見守るというスタンスが必要なのではないでしょうか。

　かくいう私もこの３月におじいちゃんになる予定です。上記のような注意点を忠実に実行する自信は……あまりありません（＾_−）−☆。

Q62 うちの子（年中組男児）は、なんにでもなりきってしまいます。テレビや絵本に出てくる登場人物（ときには動物）、家族や親戚、自動車、電車、飛行機などありとあらゆるものに瞬時に"変身"して、それになったつもりになって遊んでいます。大丈夫でしょうか？

A62 子どもがなにかになったつもりになって遊ぶことを"ごっこ遊び"といいます。鬼ごっこ、電車ごっこなど「～ごっこ」がつくもののほかにも、ままごとなどもママやパパになったつもりになって遊ぶものですから、ごっこ遊びの一種です。

このごっこ遊びは子どもが興味や関心をもった対象（人、動物、物）を模倣するところから始まります。その対象を自分なりにとらえ、それらしく演じるのですから、ある程度高度な観察力、想像力、演技力が必要となります。そうした意味では、ごっこ遊びの出現は、お子さんの成長・発達の証ですので、多少奇妙なものに"変身"したとしても喜ばしいことだと思います。ご心配には及ばないと思いますよ。

私の娘が幼稚園に通っている頃（いまから25年ほど前です）、「美少女戦士セーラームーン」がはやっていました。「月野うさぎ」という女子中学生がセーラームーンに変身して、仲間のセーラー戦士たちとともに悪者(妖魔)と戦う物語です。娘はこれが大好きで、しょっちゅう"セーラームーンごっこ"をやっていました。父親の私とセーラームーンごっこをするときには、娘がセーラームーンで私がルナ（額に三日月マークのある人間のことばをしゃべるネコ）になることが当たり前のように決まっていました。紙で作った髪の毛（ツインテール）や衣装、ルナの耳・尻尾・三日月マークを作って体に貼り付けて遊ぶのです。あるとき、二人でセーラームーンごっこをしていて、気づくと家内を迎えに行く時間になっていました。私が扮装（？）を解こうとすると、娘が「このまま、ママんとこ行く」と言い張るので、しかたなくそのまま車に乗って家内の仕事場まで行き、駐車場でセーラームーンとルナの姿で家内を待っていました。そこに仕事帰りの家内が来て、私たちの姿を見たとたんに腹を抱えて大笑いしました。家内だけでなく、その場を通る見ず知らずの人たちからも爆笑されました。そのときの恥ずかしさといったら、いまでも顔が赤くなるほどです。まさに、"月にかわっておしおき"をされたような気分でした (-_-;)。

Q63 自分が一人っ子だったことも関係しているのかもしれませんが、子どもとどのように遊んだら良いのかよくわかりません。

A63 そもそも"遊び"とはどういうことをいうのでしょう。私の手元にあるアメリカ心理学会発行の『心理学大辞典』（培風館）には以下のように書かれています。

「遊び（play）：個人の、あるいは集団の享楽だけを目的とした活動のことで、自由な探索や追求が見られる。遊びというのは大抵、楽しむこと以上の即時的な目的はないとみなされるが、諸々の研究が示していることは、遊びに対する動機は食べることや寝ることと同じくらい本質的なものであり、発達に重要な貢献をしているということである……」

以下17行にわたって小難しい解説がだらだら載っていますが、なんとも「遊び心」がない記述で、ちっとも役に立ちそうもないので省略します（-_-;)。

この『心理学大辞典』に限らず、育児本などにも遊びについていろいろ書かれています。その多くに「遊びは大切」「遊びは必要」とありますが、あまり難しく考える必要はないと私は思います。

大切なのは、「お母さん、お父さんをはじめとする周囲の大人が子どもと同じ空間で穏やかな時間を一緒に過ごすこと」です。そこさえきちんと押さえていればいいと思います。遊びを意識するあまり、（子どもとうまく遊べなくて）不安になったりイライラした状態で子どもと接するのでは逆効果です。ごく単純に考えて、「子どもが安心して心地よく過ごす時間を子どものそばにいて共有する」ことを心がけてください。

Q64 よく**夫婦喧嘩**をします。
子どもの前で喧嘩するのは良くないと思うのですが、「売りことばに買いことば」で、つい子どもの前でも言い争いになってしまいます。

A64 夫婦喧嘩が子どもにどのような影響を及ぼすかについては、2017年12月にNHKで放映された「クローズアップ現代＋」〈夫婦げんかで子どもの脳が危ない!?〉で紹介されていました。番組では、日米の大学の共同研究で得られたデータをもとに、「日常的に両親の喧嘩に接した子どもは脳の一部が萎縮し、ゆがんだ言動や学習の遅れなど様々な影響が出る」と結論していました。この共同研究では、年齢層や学歴が同程度の18～25歳の若者を対象に調査し、①両親の身体的暴力を見て育った若者と、②両親のことばの暴力（暴言）に接してきた若者を抽出し、両グループの脳をMRIという装置で調べました。その結果、どちらのグループの脳にも萎縮が認められましたが、①の若者の脳の萎縮率が3.2%であったのに対し、②のグループの若者の脳の萎縮率は19.8%でした。つまり、両親の暴言を日常的に聞いて育つほうが、両親の身体的暴力を目撃するよりも6倍良くない影響が出たということです。暴言というのは、大声でどなったり、口喧嘩をしたりすることだけではなく、「相手の存在を否定する」「どうでもいいようなことをチクチク言う」やモラハラ的な発言も含みます。

　やはり子どものためには、夫婦は仲良くしたほうがいいようです。少なくとも子どもの前では。

Q 65 うちの子は**食べ物の好き嫌い**が激しいほうで困っています。
子どもの好き嫌いはどうして生じるのでしょうか。

A 65 ロシアの生理学者・パブロフが行った条件反射の実験についてはご存じの方も多いと思います。子どもの好き嫌いはこの条件反射の一種であると考える研究者もいます。パブロフの実験では、イヌのヨダレ反応（＝唾液反射）を引き起こさない刺激（メトロノームの音）と引き起こす刺激（ビスケット）をほぼ同時に提示することで、それまでヨダレ反応を引き起こさなかった刺激にヨダレ反応を引き起こすはたらきをもたせました。具体的には、イヌにメトロノームの音を聞かせ始めた直後にイヌの口の中にビスケットのかけらを入れるという手続きをくり返すことにより、イヌはメトロノームの音を聞いただけでヨダレを流すようになりました。

　食べ物の好き嫌いもこれと同じで、特定の食べ物を摂取した直後に、お腹が痛くなったり、気分が悪くなって嘔吐したりするなどの不快な経験をすると、その後、その食べ物の匂い・味・見た目が不快反応と結びつき、それを食べようとしなくなったのだと考えられます。こうした学習は**「味覚嫌悪学習」**と呼ばれ、人や動物が有害な物質を摂取しないようにする上でとても大切なはたらきです。

　お子さんが特定の食べ物を食べようとしなくなったのは、身体がそれまでの経験を通して「自分にとって有害かもしれない」という判断をしたということで、きわめて重要な学習能力の表れであるととらえることもできます。そう考えると、お子さんの好き嫌いにも少し寛容になれるのではないでしょうか。

兄（5歳）と弟（3歳）のきょうだいの母親です。
最近、弟のほうがなんでも兄と同じようにしてもらえないと癇癪^{かんしゃく}を起こします。

 子どもでも大人でも、"公平"ではない（と感じられる）扱いを自分が受けると、"不公平感"を抱^{いだ}きます。子どもがいつ頃から"不公平感"を抱くようになるかについて調べた実験があります。

　2人の子ども（AとB）を対象に次のような実験をします。まず、Aに10個のラムネ菓子を与え、ラムネを2人分に分けてもらいます。2人分というのは自分（A）の分とBの分です。10個全部を自分の分にしてもいいし、半分ずつにしてもいいし、それ以外の分け方（8個と2個など）にしてもいいと伝えます。そして、Aの分け方をBに見せ、それを受け入れるか、受け入れないか判断させます。その際、BがAの分け方を受け入れたら、Aの提案通りラムネは分配されますが、Aの分け方をBが拒否したら2人ともラムネはもらえないことにします。未就学児300人に対しこうした実験を行ったところ、3歳児の約半数は不公平な配分を拒否しました。つまり、自分のほうがAより少なく分配されるような場合は"不公平感"を抱き、それを嫌だと思って受け入れを拒否したのです。このように"不公平感"は3歳児でも抱くようです。下のお子さんが"公平"を求めるのは不思議なことではありません。

　大人でも"不公平感"は抱きますが、だいたいの場合、「しょうがない」「まっ、いいか」で済ませていると思います。……少なくとも私の場合はそうです。

参考文献：玉川大学赤ちゃんラボ著『なるほど！赤ちゃん学：ここまでわかった赤ちゃんの不思議』（新潮社）

Q67 テレビを見ていると、**暴力的な場面**がよく出てきます。
男の子たちが大好きな"戦隊もの"や女児向けアニメの"戦士もの"では、ヒーローやヒロインが悪者や悪の組織とさかんに戦っています。
子どもたちへの影響が心配です。子どもたちに見せても大丈夫なのでしょうか。

A67 確かにメディアには暴力的なシーンがよく出てきます。そうした暴力的なシーンを子どもに見せることの影響について実験したのがバンデューラという心理学者です。

　バンデューラは、3〜6歳の幼稚園児を対象に大人の役者が演じる攻撃的な場面（空気でふくらませた人形を殴ったり蹴ったりする行動）を見せることが、その後の子どもの遊びにどのように影響するのか検討しました。その結果、攻撃的な場面を見せたグループは、見せなかったグループよりも明らかに攻撃的な遊びをするようになることを見出しました。この実験結果だけから考えると、子どもたちに暴力的な場面を見せるのはちょっと考えたほうがいいように思えます。しかし、"戦隊もの"や"戦士もの"を見て育った子どもたちがみんな攻撃的・暴力的になるわけではありません。むしろ、"戦隊もの"や"戦士もの"をまねする「ごっこ遊び」が子どもの想像力を育み、善悪の区別や遊び相手に対する思いやり・手加減などを学習する機会になるとの指摘もあります。

　要するに、"戦隊もの"や"戦士もの"を子どもたちに見せることについては、良い面と悪い面の両面があり、一概に良いとも悪いとも言えません。ですから、「見せるのはやめましょう」とか「見せても問題ありませんよ」とは言えないのです。

Q 68 多くのお母さん方にはわかっていただけると思いますが、子どもたちを**買い物に連れていくといろいろ面倒**なことが起こります。なんとかならないものでしょうか。

A 68 よく聞く話です。スーパーに入るやいなや店内を走りまわり、走りまわらないようにショッピング・カートに乗せるとすぐに降りたがる、カートから降ろすとまた走りまわり、どこにいるのかわからなくなる、ようやく見つけるとキャラクターつきお菓子の前で「買って買ってぇ」を大声で連発し、「ダーメ!」と言うとさらにボリュームを上げて「買って買ってぇ」と叫び、それでも買ってやらないと床にあおむけになって足をバタバタさせる等々……。

　ここで提案です。お子さんを買い物に連れていってイライラしたり、嫌な思いをしたりするのを避ける最も良い方法は、「お子さんを買い物に連れていかないこと」です。お子さんを誰かに見ててもらって、サッと買い物に行くとか、ご主人が休みの日に家でお子さんたちを見ててもらって、1週間分まとめ買いするとか、お子さんを買い物に連れていかなくてもすむ方法を考えてみてください。

　身もふたもないお答えかもしれませんが、どうしても解決できそうにない"難題"があるときには、思い切った発想転換も必要です。ストレスになるような状況があった場合、その状況の中でなんとかしようとして余計ストレスを溜めるより、ストレスを産む状況そのものを避けるのもひとつの手です。

Q 69 日本小児科医会のホームページに「スマホに子守りをさせないで！」というタイトルのリーフレットが出ていました。**子どもにスマホを見せることもあるので、ちょっと心配になります。**

A 69 育児にスマホを活用することについては賛否両論があります。育児を"スマホ任せ"にするのは論外ですが、スマホ育児は"悪"であると決めつけて、過度に罪悪感をもつ必要はありません。育児や家事に追われるお母さんが"スマホの手"を借りて、短時間動画を見せたり、音楽を聴かせたりするのはまったく問題ないと思います。

　私の娘も子育てにスマホを活用しています。特に重宝しているのが、YouTube の波の音だそうです。子ども（＝私の孫、生後 8 か月男児）が寝つかないとき、波の音を聴かせると比較的スムーズに眠ってくれるようです。ある日、外出中に子どもが急にむずかりだしました。娘はとっさに「波の音」と思ったのですが、あいにくその日の朝、携帯会社から「お客様のデータ通信量はご契約の容量を超過しましたので、月末まで通信速度を制限させていただきます」のメールが来ていました。「通信速度が遅いと波の音がとぎれとぎれになるかもしれない」と考えた娘は、Wi-Fi がとんでいる場所を探したのですが、こんなときに限って見つかりません。探している間も子どもは泣き続けます。泣き方が激しくなり、娘自身も泣きそうになったとき、ようやく Wi-Fi が使える場所を見つけ、急いでつないで波の音を聴かせると、子どもはピタッと泣き止みました。その時、娘はホッとしてこうつぶやいたそうです。
「不幸中の Wi-Fi（不幸中の幸い）」

Q 70 最近「非認知能力」ということばをよく耳にします。
「非認知能力」ってなんですか？

A 70 「非認知能力」というのは、知能検査や学力テストなどでは測ることができないような能力を指します。具体的には、「粘り強さ」「感情をコントロールする力」「自尊心・自己肯定感・自信」「他人とうまく関わる力」などをいいます。一方、読み書き、計算など目に見えやすい能力は「認知能力」と呼ばれますが、認知能力を伸ばすためには非認知能力が土台になるので、できるだけ早い時期に子どもに非認知能力を身につけさせることが大切だと言われています。また、乳幼児期に非認知能力を身につけさせることが、大人になってからの幸せや経済的な安定につながるとの指摘もあります。

　非認知能力を養うためには特別な教育は必要ありません。非認知能力は他から「やらされる活動」ではなく、子どもの主体的な遊びや活動で培われます。周囲の大人には、そうした遊びや活動の中で、子どもが持続して頑張ることができるように励ましたり、援助したりすることが求められます。

　非認知能力は社会生活を送る上でとても大切な能力ですが、そうした能力をバランス良くもっている大人は意外に少ないような気がします。「自尊心」や「自己肯定感」は旺盛でも、他人との「協調性」や他人に対する「思いやり」に欠けている人のなんと多いことか。

　皆さんの周りの人たちはどうでしょうか。あれ？　そうした大人たちが多いのは私の周りだけですか??

Q71 うちの子、最近やたらにひとりごとを言います。
可愛いんですが、少し心配になります。

A71 子どものひとりごとについては、以前の号（2014年9月号 Vol.282、本書 P.18参照）でもとり
あげました。子どもの「他者への伝達を目的としない発話」は「自己中心語」と呼ばれ、幼児
期にはよくみられるものですので心配ないと思います。なぜこのような発話が出るかについてはいくつかの
考え方がありますが、現在では旧ソビエト連邦の心理学者・ヴィゴツキー（1896－1934）の説を支持する研
究者が多いようです。

　ヴィゴツキーは、この自己中心語を「声に出して他者に伝えることば（外言）が、自分だけの思考のため
に使用されることば（内言）に変化する過程で生じるものである」と考えました。つまり、子どもはまだパ
ブリックな発話とプライベートな発話をきちんと区別することができず、自分の頭の中だけで話す（＝思考
する）ことを実際に声に出して言ってしまうのだというのです。

　パブリックな発話とプライベートな発話をきちんと区別できないのは、なにも子どもだけではありませ
ん。先日、ラグビーの試合を観戦したのですが、私が座った席の周囲には、パブリックな発話とプライベー
トな発話の区別ができていない大人（オジサン）たちがたくさんいました。

　「低くぅー、低くぅー」「どこ蹴ってんだよ！」「それじゃダメだろー」「ぶっつぶせー」「どこ見てんだよー」
等々です。もー、うるさいったらありゃしませんでした（-_-;）。

Q72 子どもになにか**習い事**をさせるべきかどうか迷っています。

A72 以前に比べて、いまは様々な習い事があります。スポーツ、音楽、語学、書道、絵画などのほか、いわゆる早期教育を目的とした幼児教室も人気のようです。子どもに習い事をさせるのには様々な理由があると思います。「幼いうちから様々な技術・技能を身につけさせたい」「子どもの適性を見つけ、可能性を探りたい」「心身を鍛えたい」等々です。どういったことを重視するかはそれぞれのご家庭次第ですが、注意していただきたいことが2点あります。

　1つ目は、お子さんの希望を尊重することです。「ほかの子もやっているから」とか「子どものうちから何かやらせなければ遅れてしまう」といった親の思い込みや心配で、子ども本人が望んでもいないことを習わせないでください。子ども自身が望まないことを無理にやらせてもいいことはないと思います。

　もう1点は、お子さんが習い事を「やめたい」と言ったときの対応です。「あなたがやりたいって言ったんでしょ！　自分でやるって決めたことは最後までやらなきゃダメ！」などと言わないこと。子どもの判断に責任をもたせることは大切ですが、そのことで子どもを追いつめてストレスをかけるのは良くありません。まだ子どもですから判断ミスもあります。判断ミスや挫折の経験がその後の学習につながることもありますので、大目に見てあげてください。

　だいたい、「最後までやらなきゃダメ！」の"最後まで"っていつまで？

Q73 指しゃぶり、きょうだい喧嘩、やたらに爪を噛む、人前で鼻の穴に指を入れる、鼻くそを食べる等々、子どもはこちらが**やめてほしいこと**をくり返します。本人は「もうしない」「もうやめる」と言うのですが、やめてくれません。

A73 子どもに限らず、大人でも「やってはいけないこと」をやったり、「やめたいと思っていること」をついやってしまったりすることがあります。歌の歌詞にもそういうのがよくでてきます（例：植木等の「スーダラ節」、西城秀樹の「激しい恋」、嘉門達夫の「小市民」など←古くてスミマセン）。要するに、大人でも自分自身の行動をうまくコントロールすることは難しいのです。様々な依存症（アルコール依存、ニコチン依存、薬物依存、ネット依存、ギャンブル障害、ゲーム障害等々）は、その最たるものです。

親御さんとしては、お子さんの困った行動がなかなかなくならないのは気になるでしょうが、おそらくいずれおさまりますので、いまから心配する必要はないと思います。私の周囲の大人たちを見ても、ご質問の中にあるような困った行動を大人になっても継続してやっている人はひとりもいません（きょうだい喧嘩を除けば）。大丈夫ですよ（たぶん）。

本人が「やめる」と言っていてもやめられない例を１つ紹介します。今年の正月、私の友人から届いた年賀状の中に次のようなものがありました。

「諸般の事情により、年賀状は今年限りにしたいと思います。悪しからずご了承ください」

これだけならなんということはないのですが、その友人からは同じ文面の年賀状が３年連続で来ています。こちらからは年賀状出してないんですけど (^_-)-☆。

Q74 考えるべきことではないのかもしれませんが、ふと「私は何のために子育てをしてるんだろう?」と思ってしまいます。そして、「これでいいのかな?」と不安になることがあります。

A74 日々の家事や仕事に追われていると、「自分は何のために子育てをしているんだろう?」「子どもにどうなってほしいんだろう?」といったようなことはじっくり考えないかもしれません。しかし、ときにはそうした「子育ての目的」について考え、子どもとの関わり方を見直すことも大切だと思います。

「子育ての目的」については様々な意見や考え方があると思いますが、多くの人たちは次のように考えるのではないでしょうか。

「子どもが自立できるように、つまり、ひとりでも生きていけるように育てること」

仮にこれが一般的な「子育ての目的」だとすると、そうした目的にあった育て方をしていないケースも結構あるような気がします。少子化の影響もあるのだと思いますが、手取り足取り子どもを指導・教育したり、なんでもかんでも親が子どもの代わりにやってあげたりするような関わり方をしているご家庭が多いように思えます。そうした過保護や過干渉は子どもの自立を促さないばかりか、子どもの自立を妨げてしまいます。子どもの自立を子育ての目的と考えるならば、親は可能な限り手出し・口出しをせず、後方から支援するといったスタンスで子どもと接することも必要なような気がするのですが、いかがでしょうか。

【著者紹介】

ふじた・つとむ（藤田　勉）

1955年東京都生まれ。長野県立大学健康発達学部こども学科教授・長野県短期大学名誉教授。放送大学非常勤講師、埼玉工業大学・大学院非常勤講師。専門分野は、行動分析学、発達心理学。

主要著書に、『オペラント行動の基礎と臨床』川島書店（共著）、『"子ども・子育て"最前線』第一企画（共著）、『新版行動科学序説』世音社（共著）、『ふじたつとむの子育て・保育　虎の巻《行動編》』ほおずき書籍（単著）、『ふじたつとむの子育て・保育　虎の巻《見方の"クセ"と"思い込み"編》』ほおずき書籍（単著）、『教師を目指す人のための新教育心理学』世音社（共著）などがある。

ふじたつとむの
子育て・保育 虎の巻〈Q&A編〉

2020年7月26日　発行　　　　　　定価はカバーに表示

著　者　藤田　勉

発行者　木戸　ひろし

発行元　ほおずき書籍株式会社
　　　　〒381-0012　長野市柳原2133-5
　　　　TEL　(026) 244-0235(代)
　　　　web http://www.hoozuki.co.jp/

発売元　株式会社星雲社（共同出版社・流通責任出版社）
　　　　〒112-0005　東京都文京区水道1-3-30
　　　　TEL　(03) 3868-3275

ISBN978-4-434-27733-7